JUAN CARLOS **HARRIGAN**

EL PODER
DE ORAR
DE MADRUGADA

LA ORACIÓN QUE UNE EL CIELO CON LA TIERRA

renacer

Reina-Valera 1960 ® © Sociedades Bíblicas en América Latina, 1960. Renovado © Sociedades Bíblicas Unidas, 1988. Utilizado con permiso.

EL PODER DE ORAR DE MADRUGADA
La oración que une el cielo con la tierra
por JUAN CARLOS HARRIGAN

Publicado y Distribuido por **EDITORIAL RENACER**
Paperback   978-1-532371-47-9
Hardcover   978-1-963920-53-6
Ebook   978-1-963920-54-3

Diseño de Portada e Interior: Pablo Montenegro
Correcciones: Mercedes Merlo

IMPRESO EN ESTADOS UNIDOS
Ninguna parte de este libro puede ser reproducida o transmitida de ninguna manera o por ningún medio, electrónico o mecánico —fotocopiado, grabado, o por ningún sistema de almacenamiento y recuperación (o reproducción) de información— sin permiso por escrito del autor.

CONTENIDO

AGRADECIMIENTOS 5

LE DEDICO ESTE LIBRO.. 7

PRÓLOGO... 9

INTRODUCCIÓN 11

CAPÍTULO 1
LA NECESIDAD DE ORAR...................................... 15

CAPÍTULO 2
NO VIVAS SIN ORAR 25

CAPÍTULO 3
EL PODER DE ORAR DE MADRUGADA.................... 37

CAPÍTULO 4
EL REY DAVID Y LA ORACIÓN DE MADRUGADA 47

CAPÍTULO 5
EL PODER DE ORAR EN EL ESPÍRITU 51

CAPÍTULO 6
ORANDO EN LENGUAS 59

CAPÍTULO 7
ORANDO EN SECRETO................................. 69

CAPÍTULO 8
¿POR QUÉ ORAR DE MADRUGADA?..................... 79

CAPÍTULO 9
ÉL DEBE SER PRIMERO 105

CAPÍTULO 10
DONDE NO HAY ORACIÓN NO HABRÁ PODER............. 125

AGRADECIMIENTOS

Quiero dar gracias a **Dios**, el Padre, por pensar en mí desde la eternidad y extenderme su misericordia. A **Jesús**, mi Salvador, por morir en la cruz y darme vida en abundancia.

Al **Espíritu Santo**, mi mejor amigo, quien por revelación del Padre me ha inspirado a escribir este libro, sin Él jamás lo hubiera logrado.

A **Diana**, mi esposa, quien ha sido una columna para mi vida espiritual y ministerio. Gracias a sus oraciones he podido desarrollar mi vida en Dios.

A **Ismael, Samuel y Emmanuel**, mis hijos, por ser parte de mí y darme fuerzas para seguir creyendo.

A **mi mamá y a mi papá** por dejarse usar como instrumento para traerme a la vida.

A **mi suegra**, que vive de rodillas en muchas horas de oración por nuestro ministerio.

A mi iglesia *Casa de Dios*, amigos y hermanos que me aman y apoyan el ministerio que Dios ha puesto en mis manos.

De todo corazón, les agradezco.

LE DEDICO ESTE LIBRO

A una generación hambrienta de ver la gloria de Dios en sus días. A una generación que está cansada de lo mismo y ya no quiere seguir siendo engañada por un Evangelio frío, muerto, carente de poder. A una generación que anhela ver ahora, en su presente, los gloriosos avivamientos que ha leído del pasado.

Dedico este libro a esos miles de creyentes que sienten en su interior que hay más de Dios, que sienten que están llamados a vivir en lo sobrenatural de Dios, que creen que la Biblia puede tomar vida en sus vidas. A una generación que percibe que ha sido llamada a buscar el rostro de Dios hasta encontrarlo y que será incansable en la búsqueda de la gloria de Dios.

"Tal es la generación de los que le buscan, de los que buscan tu rostro, oh Dios de Jacob".
SALMOS 24:6 (RVR1960)

Para todos ustedes es la dedicación de este libro.

PRÓLOGO

En los años noventa (1990), fui enviado por el Señor a la gran ciudad de San Pedro de Macorís, República Dominicana, para dar una serie de campañas predicando el evangelio al aire libre en diferentes barrios de la ciudad. Esta serie de campañas culminarían en el estadio de béisbol de la ciudad con una gran cruzada de fe y milagros. En una de esas campañas evangelísticas, el Señor me permitió conocer algunos jóvenes de diferentes iglesias, que aspiraban a entrar en un ministerio evangelístico de unción y milagros. Estos jóvenes querían hacer algo en la obra de Dios y, por lo tanto, querían conocer cómo entrar en la dimensión de lo sobrenatural.

Entre estos jóvenes, me encontré con uno que estaba lleno de inquietudes y que buscaba al Señor con mucha pasión, este joven se llama Juan Carlos Harrigan. Él me seguía muy de cerca a todas las actividades que el Señor nos permitía dar en su ciudad. En ocasiones, caminaba grandes distancias para ir a una de esas campañas, lo que me permitía compartir un poco más de las experiencias con el Señor.

El Señor me permitió ser para este joven un mentor espiritual y aún lo continúo siendo y para otros predicadores, ¡Gloria al Señor!

Una de las cosas que más le inquietaba a ese joven dinámico era cómo ocurrían los milagros, por lo que tuve que sacar de mi tiempo de oración para explicarle cómo se oraba, cómo orar en las madrugadas para entrar en los secretos de Dios, cómo ayunar, y cómo esperar siempre en el poder de Dios.

Hoy en día, este joven se convirtió en un hombre usado poderosamente por el Señor, Gloria a Dios. Ahora le toca a este hombre de Dios ser mentor de una nueva generación que va creciendo con él.

CARLOS BARRANCO
Pastor y Evangelista

INTRODUCCIÓN

El orar de madruga ha sido para mi vida un oasis en el desierto. Desde que encontré en la Biblia, en el texto del Libro de Job:

"¿Qué es el hombre, para que lo engrandezcas y para que pongas sobre él tu corazón y lo visites todas las mañanas, y todos los momentos lo pruebes?".

JOB 7:17-18 (RVR 1960)

"Si tú de mañana buscares a Dios y rogares al Todopoderoso; si fueres limpio y recto, ciertamente, luego, se despertará por ti, y hará próspera la morada de tu justicia. Y aunque tu principio haya sido pequeño, tu postrer estado será muy grande".

JOB 8:5-7 (RVR 1960)

Cuando leí estos dos capítulos, entendí la importancia de orar de madrugada. Al leer estos versículos me di cuenta de que, si quería encontrarme con Dios, tenía que buscarlo de mañana. Te puedo decir que lo que estas citas del Libro de Job dicen es una realidad: He sido visitado por Dios de forma tangible, real, he vivido el crecimiento en mi vida tal como lo dice Job, Dios te llevará de lo pequeño a lo grande.

El orar de madrugada es unas de las más grandes bendiciones que he podido descubrir. Te puedo asegurar que al orar de mañana no estarás ciego al mundo espiritual; pienso que es el mejor horario, cuando tus ojos espirituales se abrirán, cuando tus oídos espirituales se abrirán, las visiones en tu vida serán tan comunes que se te hará difícil saber la diferencia entre lo físico y lo espiritual, la presencia de Dios se te hará tan real que sentirás cómo te abraza y te transforma.

He vivido tantas experiencias con Dios que me sería difícil escribirlo en un solo libro. Espero que algunas de las que leerás en este libro te ayuden a desarrollar tu relación con Dios.

En la Biblia y fuera de ella encontrarás que parte del éxito de estos hombres y mujeres que buscaron a Dios fue presentarse de madrugada ante el Todopoderoso.

Uno de los versículos que más me gustan es el de mi maestro:

> *"Levantándose muy de mañana, siendo aún muy oscuro, salió y se fue a un lugar desierto, y allí oraba".*
>
> MARCOS 1:35 (RVR 1960)

Él es nuestro mayor ejemplo de cómo debemos buscar a Dios de mañana.

Otro ejemplo que me ha inspirado es el Rey David:

> *"Oh Jehová, de mañana oirás mi voz; de mañana me presentaré delante de ti, y esperaré".*
>
> SALMOS 5:3 (RVR 1960)

INTRODUCCIÓN

¡Qué maravilloso ver cómo el Rey David procuraba estar con Dios de mañana! Creo que Dios te está llamando a que, como David, tu voz sea oída en su presencia de mañana. Te pregunto: Si Dios te visitara mañana en la madrugada, ¿qué escuchará Él de ti, ronquidos o alabanzas? Espero que sean tus alabanzas, tus ruegos y tus oraciones.

Una de las tantas experiencias que he tenido fue cuando Dios me llamó como predicador. Recuerdo que había pasado la noche en oración, y en la madrugada, siendo las 4:30, tuve una visión: salía de mi cuerpo y era llevado ante el Señor, y estando en su presencia oí cuando Dios me habló y me dijo: *"Desde hoy eres mi predicador delante de los ángeles, delante de los demonios y de los hombres"*. Mientras Él hablaba, yo vi ángeles, vi demonios que se escondían y vi hombres.

Dios me quiso decir que Él me llamaba a un ministerio, donde ángeles, demonios y hombres serían testigos de mi llamado.

Te aseguro que, si buscas a Dios de mañana, vivirás lo sobrenatural en tu vida y ministerio, y es por eso que te animo a leer este libro donde aprenderás de los beneficios de la oración de madrugada, donde una relación profunda será desarrollada con el Espíritu Santo. Creo que este libro no llegó a tus manos por coincidencia, Dios lo puso en tu camino haciéndote un llamado a una vida sobrenatural, una vida de intimidad con Él.

"¡Anímate! Léelo. Una gran aventura con Dios te espera".

CAPÍTULO 1

LA NECESIDAD DE ORAR

Comenzaremos el libro hablando sobre la necesidad de orar siempre, y no desmayar. ¿Por qué es tan importante este punto? **Porque resulta que todos los éxitos y todo el crecimiento espiritual de un hombre y una mujer de Dios están ligados a su vida de oración.** Pon atención, ¿a qué?, a su vida en oración, a la necesidad de orar siempre. Jesucristo habla en **Marcos 11:24**, un texto que no me cansaré de usar, porque en él descubro cosas y secretos importantísimos, Jesús dijo a los discípulos en respuesta a una maravilla, una señal que hizo con una higuera, dijo:

"Por tanto, os digo que todo lo que pidiereis en oración, creed que lo recibiréis y os vendrá".

MARCOS 11:24 (RVR 1960)

Es evidente que Cristo habla de que la oración es la que trae respuesta a una vida exitosa, tú solo puedes tener lo que tú puedes orar, tú solo vas a tener aquello que puedes creer y aquello por lo cual puedes orar. Todo lo que yo puedo orar, lo puedo ver y lo podré tener.

Hace un tiempo atrás, yo estaba en Weston, Florida, predicando en una iglesia; recuerdo que me levanté muy temprano para tener un tiempo buscando el rostro de Dios. De repente, sentí que se paró un personaje a mi lado y me gritó con una voz tronante y dijo: "esta generación casi no ora", "esta generación", pero podré percibir que lo que Dios me quiso decir es que esta generación carece de oración. Es impresionante que la generación pasada alcanzó muchas cosas sin la tecnología presente, hicieron que ciudades se doblegaran ante el nombre de Cristo, reinos temblaron, la Reina Isabel dijo una vez *"No le temo a tanques, barcos y aviones a lo que le temo es a un hombre de rodillas"*.

Cuando alguien ora, pone el cielo a su favor y también pone el infierno en contra, porque **"si Dios es contigo, quién contra ti"**. Repitamos siempre:

"Yo solo tendré aquello por lo que oro, solo podre tener acceso a aquello que yo estoy creyendo y orando".

Jesucristo habló sobre la importancia de permanecer en la oración y no desmayar. No se trata solo de iniciar, se trata de permanecer hasta tener la respuesta de Dios para nosotros, no la respuesta deseada, sino la de Dios, porque puede ser que estemos orando por cosas que a Dios no le interese darnos. Cristo habló sobre una mujer y tomó un ejemplo, eso está en **Lucas 18, verso 11**[1], dice:

"También les refirió Jesús una parábola sobre la necesidad de orar siempre y no desmayar, diciendo: Había en una ciudad un juez, que ni temía a Dios, ni respetaba a hombre".

LUCAS 18:1-2 (RVR 1960)

Y allí presenta también a una viuda, una mujer. Es alguien que no tiene quien la defienda, una viuda que no solo carece de recursos, sino que ya no tiene a su esposo que la defienda. Cristo muestra que alguien tan débil puede hacer cosas tan fuertes si se atreve a orar y no desmayar. La oración te va a llevar a niveles que nunca te imaginas, y Cristo, contando esta parábola, dijo: *"el juez, injusto, poderoso, que ni temía a Dios ni respetaba a los hombres, le dijo a la mujer: 'vete, porque yo no te voy a atender' "*. A pesar de ser un juez que ni respetaba a Dios ni temía tampoco a los hombres; esta mujer persistió sin desmayar.

Era una mujer y, primero, era viuda, segundo, posiblemente era anciana. Una anciana pierde todas las fuerzas, no es lo mismo una muchacha de 18 años que una mujer de 70. La de 70 ya para inclinarse lo va a pensar, no puede correr lo mismo, no tiene fuerzas, no tiene la misma habilidad; pero Cristo lo que quería mostrar era

---

1. S. Lucas 18:1-5 "También les refirió Jesús una parábola sobre la necesidad de orar siempre, y no desmayar, diciendo: Había en una ciudad un juez, que ni temía a Dios, ni respetaba a hombre. Había también en aquella ciudad una viuda, la cual venía a él, diciendo: Hazme justicia de mi adversario. Y él no quiso por algún tiempo; pero después de esto dijo dentro de sí: Aunque ni temo a Dios, ni tengo respeto a hombre, sin embargo, porque esta viuda me es molesta, le haré justicia, no sea que, viniendo de continuo, me agote la paciencia".

el poder que hay en la oración, que aun haciéndola una persona sin fuerzas, viuda, débil, que carecía de sus recursos naturales de fuerza, pudo doblegar a un juez fuerte, que ni temía a Dios ni respetaba a los hombres, y lo hizo hacer lo que ella quería que hiciera. Este puede ser el mayor ejemplo de orar y de persistir en la oración hasta tener los resultados deseados.

La oración desde el Génesis hasta los días en que vivimos ha sido realmente el método que Dios nos brinda para acercarnos a Él, para escucharlo a Él, para tener dirección de Él, para conquistar cosas en la tierra.

ES MEJOR MORIR ORANDO QUE VIVIR SIN ORAR

Yo meditaba en Daniel, cuando aquellos gobernadores malvados formularon una idea, y crearon algo en contra de Daniel, porque no pudieron encontrar en él nada imperfecto, ¿qué hicieron?, obligaron al Rey a que firmara una ley diciendo que nadie se podía poner en contacto con su Dios, y la pena era la muerte, el que lo hiciera iba a ser echado al foso de los leones. Sin embargo, Daniel continuó orando aun sabiendo que iba a morir comido por los leones; prefirió arriesgar su vida o ser comido por leones, que vivir un día sin oración. Ese es el secreto de este hombre llamado Daniel: era un hombre de oración. Ahora, yo miraba esto y entendí que Daniel sabía que el dejar de orar era morir y que el orar era vivir. Daniel estuvo dispuesto a morir antes que dejar de orar y eso lo entiende alguien que sabe la vida que hay en la oración y comunión con Dios. Cuando alguien deja de buscar a Dios es porque, literalmente, se está muriendo espiritualmente.

Yo sé que, con este libro, les estoy hablando a las naciones de la tierra, le estoy hablando a gente de Dios que va a ser despertada como leones dormidos, como gigantes que han estado dormidos por muchos años. Satanás nunca le ha tenido miedo a los cristianos, Satanás no le tiene miedo a la Biblia, cualquiera puede tener una Biblia. Satanás le teme a alguien que le cree a la Biblia y que hace lo que dice la palabra de Dios. ¿No te has fijado que lo más atacado en esta generación es la oración?. Que lo que menos se practica es la oración. Si hacemos un concierto, hay que devolver gente a las 7 de la noche de la puerta; si hacemos una campaña con un profeta, hay que reservar asientos para poder entrar; pero si anunciamos que mañana hay oración, nadie viene; porque Satanás ha creado ideas dando a entender a la gente que no es necesaria la oración.

"Lo único que pone al diablo de rodillas es un hombre de rodillas".

No hay gobierno, no hay alma, no hay bomba atómica que pueda contra la oración de un hombre o de una mujer de Dios.

ELÍAS Y LA ORACIÓN

Elías era un hombre muy poderoso, si yo hubiese vivido en esos tiempos, siempre hubiera estado cerca de él, porque no me hubiese gustado tenerlo como enemigo; él no tenía rayos como tienen hoy algunos países, no tenía bomba atómica, pero abría la boca y caía fuego. Entonces, una persona así tan poderosa hay que tenerla como amiga. Gracias a Dios que Elías no vivió en esta generación. ¿Tú te imaginas a Elías leyendo un Facebook en contra de él? Elías un día le dijo a un capitán y a sus 50 soldados: *"si soy varón de Dios, que caiga fuego y te consuma"*, y cayó fuego y consumió al capitán y sus 50 hombres. Ese hombre, Elías, se paró un día delante de un Rey y le dijo: *"no habrá lluvia por mis palabras"*, y los cielos se cerraron. Elías dominaba los elementos, ¡Alabado sea Dios!, ¡tenía poder sobre los elementos! Otro día dijo: *"si yo soy siervo de Dios, descienda fuego"* y cayó fuego y consumió el holocausto y, para despedirse, tocó el Jordán y se abrió.

Un hombre tan poderoso, un hombre que hacía temblar reinos y gobiernos. ¿Cuál era su secreto? A Santiago le ha sido revelado por el Espíritu Santo lo que Elías hacía en la antigüedad.

> *"Elías era hombre sujeto a pasiones semejantes a las nuestras"*.
>
> SANTIAGO 5:17 (RVR 1960)

Esto significa que él era un humano normal; yo bendigo a Santiago por revelarme la humanidad de Elías, porque Santiago me está dando la oportunidad para hacer las mismas cosas que Elías, porque él era humano igual que yo, pero oró fielmente para que no lloviera y ¿qué pasó? Pues, no llovió. ¿Qué dice Santiago?, les abre la puerta a todos los humanos y les dice:

> *"Ustedes pueden ser tan poderosos como lo fue Elías"*.

Me gusta mucho esto, me conquista mi espíritu, me seduce, me hace ver que Dios a cualquiera que lo busque, Él se va a dejar hallar. Elías era sujeto a pasiones como las nuestras, pero ¿qué lo hacía diferente de los israelitas mortales de ese tiempo?, era de carne y hueso como los sacerdotes, era igual, pero había algo que ellos no hacían y que Elías sí: **oraba fervientemente**, y esa será la diferencia de un hombre a otro, comerán iguales, vestirán iguales, irán a la misma iglesia, pero el que ora ferviente siempre estará siete años adelantado al que no ora. Dios nos está tratando de atraer la atención y nos está diciendo:

> *"Si puedes orar fervientemente como Elías, serás tan poderoso como lo fue él".*

Este no es un llamado para predicadores, este es un llamado para todos. ¿Qué dice Santiago? Dice: *"La oración me ayuda a dominar mis pasiones desordenadas"*. De la oración dijo:

> *"El que ora no peca y el que peca es porque no ora. La oración es la respuesta a un cambio en tu casa, en tu vida, en tu Ministerio. Donde se carece de oración, se carecerá de poder, de revelación".*

Un hombre de Dios que ha estremecido su país con el poder del Padre dijo: "donde no hay oración no hay poder": Charles Finney, quien fue el hombre que entre 1792 y 1835 puso la región de New York de rodillas ante Dios. Él dijo un día:

> *"El día que no oro, nada sucede".*

La oración no solo te hará eficaz en tu Ministerio, en tu llamado, sino que te hará feliz en el diario vivir. No hay gente más aburrida que la que no ora, más odiosa que la que no ora. Satanás hará todo lo posible para ocuparte en cosas tontas para que no hables con Dios, el que se pone de rodillas pone al diablo de rodillas.

Elías, este hombre sujeto a pasiones, oró fervientemente para que no lloviese sobre la tierra y no llovió por tres años y seis meses, y oró otra vez y el cielo dio lluvia. Mira su poder. Por eso es que yo, viviendo en ese tiempo, tendría a Elías como uno de mis mejores amigos, porque tenerlo de enemigo sería un problema, y tenerlo de amigo, una bendición. Llamaron loco a Elías al principio, pero, después dijeron: *"hay que buscar al profeta porque sin él no vamos a beber agua"*. Durante tres años y medio, se secó el cielo para Israel porque un hombre de oración proclamó la palabra de Dios. Tres años después, la nación estaba careciendo de agua, los burros y las vacas se morían, la tierra no producía, las semillas se secaban, la tierra estaba árida y vacía, el pueblo se moría de hambre, hasta que volvió el hombre de oración a orar y oró otra vez fervientemente para que lloviese y los cielos se abrieron y dieron lluvia. Lo que hizo que la lluvia llegara a Israel fue un hombre de oración.

¿Qué será lo que hace falta contigo? ¿por qué vivimos nosotros una vida tan seca y tan árida? ¿Será que hace falta alguien como Elías que ore para que la lluvia de Dios descienda?

Si tú estudias, verás que el apóstol Pablo dice a los cristianos de Éfeso:

"Orando en todo tiempo...".

EFESIOS 6:18 (RVR 1960)

Tú no puedes comer todo el tiempo, no puedes dormir todo el tiempo, no puedes pasar el día haciendo ejercicio, no puedes estar corriendo todo el tiempo, no puedes bañarte todo el tiempo; entonces, casi nada se hace constante, pero la oración sí, orando en todo tiempo y con súplica en el Espíritu. La oración es tan poderosa que es una de las pocas cosas que Dios pide que hagas todo el tiempo. Tú no puedes predicar todo el tiempo, tú no puedes hacer milagros todo el tiempo, pero sí puedes orar todo el tiempo. La oración trasciende a la eternidad.

Elías oró para que lloviera y llovió y la tierra produjo frutos, esa tierra árida y seca fue cambiada por un hombre de oración; la oración es lo único que hará que la tierra dé frutos. "Quiero frutos en mi matrimonio", pues ora. "Quiero frutos en mi Ministerio", ora. ¿Por qué está tan seca tu vida?, ¿será que te hace falta orar como Elías? ¿Cómo es posible que los años van y vienen y siguen teniendo la misma tierra árida y los mismos resultados? ¡No puede ser! Dios es un Dios de avance constante, Él nos dejó esta palabra poderosa, la necesidad de orar. Dijo Jesús: *"orando en todo tiempo"*. Yo no puedo tener una vida fructífera si no oro.

Escúchenme bien jóvenes inteligentes: estudien todo lo que puedan estudiar, ya que esto será de bendición para sus vidas, pero si no oran, no van a ver la gloria de Dios. Sin oración, los ministerios no prosperan. Sin oración, el hogar se muere, se va el gozo de tu casa, se va la alegría, porque Satanás se filtra en un hogar donde no se ora.

Necesitan ustedes entender este punto que el Espíritu Santo me dijo que impartiera en este libro:

"Sin oración tu vida carecerá de revelación, de dirección".

Todo hombre y mujer de éxito en Dios fueron personas con una vida de oración.

Este libro está escrito para animarte a levantarte en oración. Dios te está llamando a cosas grandes y maravillosas, ¡Anímate! ¡Esfuérzate! Tú puedes buscar a Dios de mañana. Si no fuera hacia ti, no hubiera escrito este libro.

"El hecho de que lo tienes en las manos es la evidencia de que Dios te está amando".

¡Tú puedes!

CAPÍTULO 2

NO VIVAS SIN ORAR

¿Por qué Dios está hablando de oración?, ¿Qué es lo que Dios se quiere provocar a sí mismo? Dios se está provocando a sí mismo al hablarnos de la oración, porque Él pone el querer, pero también pone el hacer. ¿A qué Dios te está desafiando con esta lectura? No me estoy dirigiendo solo a los predicadores, le estoy hablando a la gente normal, la oración es para cualquier persona, es para todo el que cree. Cuando yo me iba a casar, le oré a Dios, yo no le dije a mis ojos que me dijeran con quién me iba a casar, yo le dije a Dios que me dijera con quién. Si los que se casaron con el permiso de Dios tienen batalla para seguir adelante, imagínate los que se casan sin el permiso de Dios. Yo, si hubiese sido mujer, no miraría a un hombre que no ora. Un hombre que no ora, da golpes; un hombre que no ora es odioso; es abandonado, no quiere nada con Dios. Y si es mujer es peor.

TIEMPO PARA ORAR

Hombre, nunca busques una mujer que no quiera la presencia de Dios. Mujer, no te fijes en hombres que no oran. Siempre discierne si esa muchacha o ese hombre quieren la presencia de Dios o no. Si no la quiere, déjala o déjalo hasta que Dios le toque y le transforme.

No ligues tu vida con gente que no esté ligada al Dios con el que tú estás ligado; una vida de frutos viene a través de un hombre y una mujer que oran. Elías oró fervientemente, se esforzó en la oración, persistió. La oración nos hace conocer cosas que la gente sin oración no conoce. La oración de Elías produjo frutos; tú puedes decir: "pero, pastor, yo no tengo frutos", y el pastor te dice: "¿usted está orando?", "¿Yo? No, no tengo el tiempo para hacerlo".

"El que no saca tiempo para orar, no merece tener tiempo para vivir".

El que no saca tiempo para orar, no merece tiempo para ir a divertirse; el que no saca tiempo para orar, no merece tener tiempo para dormir. Así de serio debe ser nuestro compromiso con la oración: si tú tienes tiempo para hacer gimnasia, ejercicio y ponerte bien bonito, tú tienes que tener tiempo para orar; si no tienes tiempo para orar, entonces, no deberías tener tiempo para hacer ejercicios. Así de serio tienes que ser para la oración.

Por eso, hoy en día hay tantos líderes con decadencia espiritual, porque han dejado que las cosas naturales les absorban el tiempo de orar. ¿Qué consejo bueno voy a recibir de alguien que no ora?, si no ha estado con Dios, ¿qué me va a decir de Dios?, ¿cómo puedo yo dejar que la opinión de alguien influya en mi vida si no ora? ¿Por qué tengo que escuchar tus consejos, si tú no has escuchado a Dios? El que no saca tiempo para orar, no debería tener tiempo para vivir, ni para dormir, ni para comer, ni para viajar ni para vacacionar. La oración es nuestra vida en Cristo Jesús. Si yo oro, tendré frutos, mi tierra va a cambiar, mi entorno va a cambiar, mi ambiente va a cambiar, mis palabras van a cambiar, mi visión va a cambiar, mi oído se va afinar. Cuando yo oro, soy diferente.

Yo nunca he visto un mensaje que tenga tanta resistencia como el mensaje de la oración; y no resistencia de que alguien hable mal de la oración, no, nadie habla mal de la oración. Realmente, a la gente no le interesa mucho la oración, les da sueño, bostezan, quieren ir al baño, tienen hambre, se quieren ir, se sienten incómodos, porque la mayoría de la gente de hoy en día, solo quiere el resultado, no pagar el precio.

Cuando se presenta un profeta, y les aclaro creo en ministerios proféticos, tengo amigos que Dios los usa grandemente como profetas; el público se emociona, se alegra, siente gozo porque recibe un resultado. Sin embargo, él les está dando la manifestación del precio que ya él pagó, y les dio el resultado. Yo, en estas líneas, te estoy dando su secreto. Si tú llevas a ese profeta a comer y le preguntas qué hace él para lograr esos resultados, te va a contestar: *"oro"*.

No hay profetas que profeticen sin una vida de oración. El profeta que profetiza sin una vida de oración es un adivino. Nada que no se consiga en el secreto tiene derecho a ser manifestado en público, todo lo que se manifieste en público sin haberse recibido en secreto es un invento.

Estoy hablando de que, si esta generación ora como dice Cristo, el diablo va a caer de rodillas, los brujos van a caer de rodillas, las potestades van a temblar. Hablar de la oración para muchos es decirles: "duérmete, no hay ambiente, está lento el pastor, no hay unción", porque sutilmente Satanás va a soplar un espíritu de distracción para que no atiendas con seriedad lo que es la oración. Es muy fácil para Satanás controlar a alguien que no ora, controlar sus emociones, sus pasiones y llevarlo a pecar cuando no ora.

Cuando el hombre ora, su espíritu domina el cuerpo. Somos un espíritu con cuerpo, y lo normal es que el espíritu domine el cuerpo, pero cuando no oras, el cuerpo domina el espíritu. Por eso, Jesús dijo:

> "Velad y orad, para que no entréis en tentación; el espíritu a la verdad está dispuesto, pero la carne es débil".
>
> MARCOS 14:38 (RVR1960)

Cuando oras, creas como un círculo, un ambiente, una atmósfera, donde el ambiente del mundo quiere llegarte, pero rebota, porque el ambiente de la oración te mantiene bajo una cobertura especial. Si oramos las cosas van a cambiar. Es tan temerosa para Satanás la oración, que él va a hacer todo para que se te olvide orar. ¿No te has fijado lo fácil que es olvidar orar?, sin embargo, las demás cosas casi nunca se olvidan. Pregunto: ¿a quién se le olvida comer?, ¿a quién se le olvida dormir una noche?, a nadie, ¿a quién se le olvida ponerse la ropa?, ¿a quién se le olvida abrigarse para salir al frio?, a nadie. ¿Por qué? Porque la necesidad se lo recuerda. Jesús habló sobre la necesidad de orar.

ADELÁNTATE A DIOS

Voy a decirte algo, espero que te le adelantes a Dios, y no lo obligues a usar un método contigo. Esta mujer viuda, ¿sabes por qué ella persistió?, porque necesitaba justicia. La necesidad de algo nos lleva a depender de Dios muchas veces, ese es un nivel de oración.

Entonces, si yo soy Dios y quiero mantenerte de rodillas delante de mí, ¿qué tengo que hacer?, mantenerte con necesidad. Pero, si yo soy Dios, que no lo soy, y tú estás conmigo porque me amas, no necesito crearte la necesidad para que me busques, porque tú me buscarías con necesidad o sin ella. Entonces, por eso te insisto: adelántate a Dios, no dejes que Él tenga que hacerte pasar por un proceso para que tengas que ir a su presencia.

Haz un estilo de vida de comunión, de intimidad, de pasión por Dios todos los días. A nadie se le olvida dormir, pero sí se le olvida orar. Con honestidad, piensa, ¿Cuántas veces se te olvidó orar? ¿Con qué frecuencia lees la Biblia? ¿Sacas tiempo para estar en la presencia de Dios? ¿Cuántas veces se te ha pasado un día sin orar? ¿Se me ha olvidado orar? Pregúntatelo tú mismo. ¿Sabes qué? No puedes querer tapar bocas de leones si no quieres tener el estilo de oración de Daniel.

Él oraba tres veces todos los días. Pero, ahora, nosotros queremos tapar la boca de los leones y a Satanás tenerlo bajo nuestros pies sin una vida de oración. El Espíritu Santo está atrayendo tu atención para algo grande y poderoso que Él va a hacer.

LA FAMA

Quiero terminar este capítulo de la Necesidad de orar contando lo siguiente:

> *"Pero su fama se extendía más y más, el hijo del carpintero que arreglaba tablas, de pronto lo conocía toda Jerusalén. Mientras él estaba bregando con tablas y arreglando madera, lo conocían los que necesitaban arreglar madera, pero en cuanto los milagros comenzaron, toda Jerusalén decía: "hay un hombre que es un carpintero, pero que está sacudiendo la tierra"; su fama se extendía más y más, todos lo veían, todos lo admiraban, y por causa de ser famoso, la gente venía de todos lados, porque escuchaban las hazañas, y miraban las maravillas que hacía Jesús, todos querían estar cerca de él".*

La fama no es mala, lo malo es dejarse cambiar por la fama. Si yo hubiese estado en esos tiempos, yo hubiera obligado a Jesús a que me pusiera como el discípulo número trece. Conociéndome, yo no hubiera dejado ir a Jesús, me le hubiera agarrado de un pie y para soltarme me tendrían que haber puesto fuego.

ERA JESÚS

Un día, estando en una isla de Inglaterra en el Caribe, yo oraba, oraba y oraba. Esa tarde, el sol picaba, es decir, hacía un calor desesperante, y lo peor era que aquella casa era de zinc por arriba y por los lados. Yo tenía un pobre aire acondicionado pequeñito que estaba en todo lo que daba. Yo sudaba como si fuera un caballo que corría, pero oraba y oraba y buscaba a Dios, y le decía: "Dios, ¿qué quieres hacer hoy aquí en este lugar?, háblame porque no tengo nada que dar a la gente, solo dime algo y yo diré lo que tú digas".

Y estuve ahí orando por los enfermos e intercediendo y orando por la gente, estaba allí inclinado, cuando de pronto, sentí que el clima cambió, y seguí de rodillas, y de pronto, se me acercó un personaje, y me dio un beso en la mejilla, y cuando lo miré, era Jesús, ¡Ah! Yo lo vi, yo lo sentí y yo lo viví.

"Jesús dejó la carpintería para atender las naciones. Desde que dejó la carpintería se convirtió en un hombre de oración".

No hay registro de que Cristo oraba mientras era carpintero, me imagino que sí, pero aquí dice que su fama se extendía, y se reunía mucha gente para oírlo. Esta es la parte más importante de este mensaje, todos venían por multitud. Si se anuncia, en la actualidad, que Cristo va a estar en cuerpo físico en un lugar, fecha y hora específicos, y se invita al público para que lo vea, les garantizo que a esa hora habrá una multitud esperándolo.

Todos lo querían escuchar y querían que les sanase de sus enfermedades, y Él había sido enviado para salvar, para sanar y para liberar. Dice Lucas: *'El Espíritu del Señor ha sido enviado para sanar, me ungió para liberar'*. Sin embargo, ese día llegó una multitud para oírlo y para que Él los sanase.

"Mas, él se apartaba a los lugares desiertos y oraba".

LUCAS 5:16 (RVR 1960)

Cuando leí eso; entonces, me di cuenta por qué el pastor tal o la pastora cual ya no tienen la unción. Siempre me hice esa pregunta, ¿Por qué cuando yo envejezca tendré que terminar sin la unción? Conozco predicadores que en su tiempo de juventud sacudieron el mundo, hoy tienen sesenta o setenta años y ya no tienen la presencia de Dios, no tienen la unción. Y yo decía: "Dios, ¿por qué tengo que terminar así?", pero hoy descubrí que yo voy a terminar así si yo quiero, esto fue lo que me dijo Dios para mí y para ti:

"Para Jesús era más importante orar que hacer milagros".

La gente quería escucharlo, pero Él se fue a orar, la gente quería que Él los sanara, pero Él se fue a orar, porque para Cristo era más importante orar que hacer milagros. Para Cristo era más importante orar que brillar. Aquí hay algo que me estremece del Maestro: Él es el ejemplo perfecto de la vida de la oración. Jesús era famoso, pero nunca dejó que la fama le robara su estilo de oración. Cristo nunca dejó que la necesidad de otros le quitara el tiempo de oír y buscar a su Padre. Nunca. ¿Cuál es nuestro problema de hoy en día? Que somos personas de oración mientras no seamos famosos; en cuanto somos famosos, la fama nos quita la vida de oración.

Cristo estaba tan comprometido a una vida de oración que mirando la necesidad de un ciego que quería que lo sanara, lo dejó y no lo sanó, y se fue al desierto a orar. La oración en Cristo estaba por encima de la fama y de las necesidades de los demás. Tú no puedes permitir que la necesidad del otro te robe tu tiempo de oración.

Hay gente, hoy en día, que la fama le quitó su estilo de oración, y ahora son orgullosos y prepotentes, y tienen que tener una alfombra roja para poder caminar. Yo nunca he visto a alguien que ore y que sea orgulloso.

Querían oírlo, pero Él se fue a orar; querían que los sanara, pero Él se fue a orar; porque Cristo estaba comprometido con un estilo de oración, nunca dejó de orar, y esta es la gran pregunta para ti: si Cristo siendo el Hijo de Dios, Emmanuel, lleno del Espíritu Santo, necesitó orar, ¿Cómo quieres tú tener el resultado de Cristo sin pagar el precio de la oración? Este es mi mensaje: "La necesidad de orar", volvamos a la oración, busquémosle con todo nuestro corazón, llamémosle en tanto Él esté cercano.

Pregúntales a todos los avivadores en el mundo, los que han traído avivamiento a sus ciudades, ¿lo han hecho sin orar?

"Cristo, sáname", "ahora no puedo, tengo que orar". "Cristo, necesito unas palabras", "Ahora no, tengo que hablar con mi Padre". Dejó a la multitud y se fue a un desierto solo, porque Cristo no andaba detrás de la fama, Cristo andaba detrás de la voluntad del Padre, ¿Qué te dice eso a ti? Que para Él era más importante orar que atender la necesidad del otro, porque el mismo Cristo sabía que no podía ayudar a alguien sin una vida de oración.

UN PRECIO QUE PAGAR

En una oportunidad, estaba yo en una cruzada en una ciudad, el estadio estaba bien lleno, yo había hecho muchas cosas, ya estaba bajando de la plataforma cuando, de pronto, Dios me dijo: *"hay algo más que hacer"*, y me volteé hacia atrás, y me acerqué al púlpito y me dijo el Señor: *"Esa mujer paralítica, es el día de ella"*. Yo le dije: *"Sra.: ¿Se quiere morir en la silla de ruedas?"*; *"No, no me quiero morir aquí"*, me dijo. Le dije: *"¿Quiere caminar?"*, ella me respondió: *"Sí"*. La miré y le dije: *"Dios la bendiga, póngase de pie y váyase caminando"*. Y se fue caminando, y la gente aplaudía, estaban mirando resultados: esa mujer tenía años sin caminar y salió caminando delante de todo el mundo.

Yo bajé de la plataforma para montarme en el carro, porque si hay algo que a mí no me gusta es que me alaben. Cuando terminé de ministrar, (salgo corriendo porque quiero irme rápido del lugar), me dice uno de los ayudadores, que hoy es un ministro de Dios, muy amigo mío: *"¡Wow!, Juan Carlos, profeta, pero ¡qué fácil se levantó esa paralítica!"*.

Yo lo dejé que hablara. *"Tú viste lo fácil"*, le dije. *"Profeta, yo vi que usted solo levantó la mano y se le enderezaron los pies, yo lo vi"*. Yo lo miré y le dije: *"¿Fácil?, tú lo ves fácil, pero no es fácil. Pregúntame cuántas horas de oración hubo anoche antes de llegar a esa paralítica. Muchas. Se ve fácil, pero hay un precio que pagar"*.

Te repito que:

"Si tú oras, todo te será posible. El Señor te está llamando a una vida de oración, él quiere encontrarse contigo".

CAPÍTULO 3

EL PODER DE ORAR DE MADRUGADA

Vamos a dar inicio en este capítulo al tema de "El poder de orar de madrugada", tema poderoso que ha sido de gran bendición para muchas personas que han recibido esta enseñanza, que ha levantado el ánimo de miles, que ha despertado a cientos de pastores, y que ha animado a muchas personas a volver a buscar a Dios y a encontrarse con Él en la mañana. Muchas personas me han presentado testimonio de cómo su vida fue transformada, cómo la unción comenzó a crecer sobre ellos, sus ministerios comenzaron a cambiar, y me han solicitado que amplíe estas enseñanzas. Espero que lo que vamos a compartir en este libro sea de gran bendición para ti y toda tu familia. Vamos a ir a la palabra poderosa de Dios:

*"En aquellos días él fue al monte a orar, **y pasó la noche orando a Dios**. Y cuando **era de día**, llamó a sus discípulos, y escogió a doce de ellos, a los cuales también llamó apóstoles".* **Lucas 6:12-13 (RVR 1960)**

Es impresionante notar lo siguiente, aquí, en este pasaje bíblico, descubrimos que Jesús escoge a los que Él quiso escoger. En otros pasajes, como Marcos, dice: *"y escogió a doce para que estuviesen con él y para enviarles"*. Lo primero que vamos a notar, si buscamos esta repetición en Marcos, es que Jesús los toma para que estén con Él y luego para enviarles. Ahora, el punto es el siguiente, la Biblia dice aquí: *"en aquellos días fue al monte a orar y pasó la noche orando a Dios"*. Cuando amanece, cuando ya es de día, seis o siete de la mañana, Jesús sale del lugar de oración y comienza a escoger.

Tal vez, había un grupo de unas veinte o cuarenta personas allí esperando, pero Él llega y comienza a mencionar a las personas que Él escoge, y ahí comienza una lista: Jacobo, Pedro, Felipe, Juan... los escogió a todos. Ahora, el punto esencial que a mí me atrae la atención es el siguiente: ¿por qué Jesús no escoge a los discípulos antes de la oración? Ellos estaban con Jesús, ellos habían seguido a Jesús; sin embargo, en el momento en que Jesús los escoge como sus discípulos, a quienes llama *apóstoles*[2], para instruirlos, para enseñarlos, para que le den seguimiento a lo que Él estaba manifestando en el mundo; a esos discípulos Él los escoge después de que pasa una noche de oración, pues dice: *"y pasó la noche orando"*, oró de madrugada.

---

2. Apóstol: término griego a-pó-sto-los se deriva del verbo a-po-stél-lo, que simplemente significa "despachar; enviar".

No sabemos en qué horario comenzó a orar, si fue a las ocho o a las nueve de la noche, pero sí podemos estar seguros de que parte de ese tiempo de oración fue de madrugada. Lo sorprendente es que, al amanecer, Jesús escoge a los que Él quiso, Jesús escoge a sus discípulos después de que pasa un tiempo de oración. ¿Cuál es la enseñanza de este pasaje? Que tú nunca puedes tomar decisiones si no filtras las decisiones en la oración. Así como Jesús tomó la decisión después de orar toda la noche, toda la madrugada. La oración de madrugada es la que va a ayudarnos a tomar buenas decisiones, a tomar las decisiones correctas.

Una de las caídas más grandes de un hombre de Dios es tomar decisiones sin haber orado, escoger personas sin pedirle a Dios la confirmación o la dirección. Cuando oras de madrugada, tendrás dirección en el día, cuando oras de noche podrás discernir el propósito de Dios, la voluntad de Dios para los tuyos, Dios te va a dirigir. La oración de madrugada nos abre los ojos espirituales, nos abre el entendimiento, nos da el poder de discernir cuál es la buena voluntad de Dios agradable y perfecta. Yo mismo he tenido tanta experiencia y te puedo decir que cada vez que quiero saber cuál es la voluntad de Dios para un asunto en mi vida, sea personal o ministerial, sé que la clave es orar de mañana, es filtrarlo, es llevarlo delante de la presencia de Dios. Cuando oras de madrugada, tus ojos se van a abrir.

MI PRIMERA CAMPAÑA

Recuerdo hace unos 23 años, cuando Dios me habló de ir a predicar, me dijo: *"vas a ir a una ciudad, a un pequeño barrio, y vas a ir a predicar"*. Nunca había ido a ese lugar, no sabía que existía, así que decía, ¿cómo lo voy a hacer? Recuerdo que comencé siete días de oración amaneciendo sobre mis rodillas.

¡Siete días! Claro, ponía una almohada para no dañarme las rodillas, pues siete días de rodillas no es fácil. Comenzaba desde las once de la noche hasta las cinco de la mañana. Algo que yo notaba era que siempre entre las tres y cuatro de la madrugada, era como que se abrieran los cielos, este era un horario específico donde Dios traía revelaciones.

Recuerdo que comencé a tener experiencias tan tremendas porque yo le estaba pidiendo a Dios que me dirigiera en ese viaje. Era el primer viaje que iba a hacer, no sabía cómo iba a llegar. Dios me dio el nombre de un pastor y me dirigió en todo lo que tenía que hacer. Recuerdo que una de esas madrugadas, el Señor llegó entre las cuatro y las cinco de la mañana, me visitó y me impartió un poder extraordinario, me dijo todo lo que iba a pasar y cómo yo tenía que actuar, hablar y decir. Exactamente como Dios me dijo, así sucedió.

Esta fue mi primera campaña al aire libre en Santo Domingo, la capital de República Dominicana. Dios me especificó un barrio que se llama Arroyo Hondo, me acuerdo como si fuera hoy, me dio el nombre del pastor, su dirección y me llevó hasta allí. Yo te puedo decir por experiencia propia que lo que pasó con Jesús esa noche fue que Él buscó la voluntad de Dios para escoger a sus discípulos, Él tenía que saber cuáles eran los amigos que lo iban a ayudar, que le iban a añadir a esa gran misión que Él tenía que cumplir.

Si tú, como pastor, como líder, no oras antes de escoger a la gente, tú vas a vivir en un fracaso constante. Jesús pasó la noche orando y luego escogió.

Esa es la enseñanza más tremenda para nosotros. Después de un gran tiempo de oración, tú vas a ver quién te va a entregar y quién no te va a entregar. Jesús sabía que Judas lo iba a entregar, pero aun así lo escogió, porque la oración te enseña que hay gente que te ayuda para un área del ministerio y hay otros para otras: los buenos te ayudan, pero, de vez en cuando, hay que tener un Judas que te acelere el cumplimiento.

Así que, mi consejo para ustedes, evangelistas, predicadores, hermanos, para todos: traten de orar de madrugada, tendrán dirección, sabrán lo que van a hacer. Dios bendiga a los profetas, Él los usa para darte dirección, pero tú no vas a tener un profeta a tu lado toda tu vida, hay alguien más grande que los profetas: el Espíritu Santo, si tú le buscas como Jesús le buscó en oración en la noche, te garantizo que tú sabrás qué hacer en el día.

Quiero comentar algo que leí en un libro de un hombre de Dios. Años atrás, este hombre impactó a América, Dios lo usó en forma extraordinaria. En uno de sus diarios, él escribió lo siguiente: *"Si el Hijo de Dios había de pasar horas enteras a solas, en la noche, mientras el resto del mundo dormía, solo en el Monte con su Padre para poder así echar fuera aquellos demonios, de los cuales Él dijo que no salían si no era con oración y ayuno; ciertamente, sus discípulos también deberán pasar horas enteras en ayuno y oración, esperando en Dios, aprendiendo a pensar, a actuar, en unión con*

Dios". Antes de tener la esperanza de echar fuera tales demonios, los hombres deben *"orar siempre y no desmayar"*. **(Lucas 18:1)**

Un hábito de oración persistente era una de las características más sobresalientes de la vida de Cristo. Cuando Judas buscó a Jesús para traicionarlo, él sabía que le hallaría en el jardín de la oración; Judas sabía dónde se encontraba Jesús, por eso lo encontró fácilmente, porque Judas había visto cómo Cristo iba siempre a ese lugar a orar, su oración al Padre era más importante que enseñar y sanar, por eso se negó a dejarse abarcar por las multitudes que se reunían para oírlo y para que les sanase de sus enfermedades.

LA ORACIÓN ES LA CAUSA DE LOS MILAGROS

Los discípulos nunca le dijeron a Jesús: *"enséñanos a hacer milagros"*, pero sí le dijeron: *"enséñanos a orar"*. Aconteció que estaba Jesús orando en un lugar, y cuando terminó, uno de sus discípulos le dijo:

> *"...Señor, enséñanos a orar, como también Juan enseñó a sus discípulos".*
>
> LUCAS 11:1 (RVR1960)

Ellos podían ver en el diario vivir de Jesús una vida de oración y que era de ese estilo de vida que salían los grandes milagros. La oración es la causa de los milagros, estos son el resultado de una vida de oración y de ayuno. La oración en la vida de Jesús era más importante que descansar, que el sueño, era más importante aún, que la comida.

> *"Levantándose muy de mañana, siendo aún muy oscuro, salió y se fue a un lugar desierto y allí oraba".*
>
> MARCOS 1:35 (RVR 1960)

El ejemplo más grande que podemos nosotros tener del poder de la oración de la mañana es Cristo: la Biblia dice que cuando era muy de mañana, oscuro, cuando el sol aún no había salido, ya Cristo se encaminaba para el Monte a orar y esperar allí la dirección divina de Dios. La Biblia está llena desde Génesis hasta Apocalipsis de hombres y mujeres que encontraron el secreto de orar de mañana. En ese horario de madrugada aprendieron a escuchar a Dios, y a tener direcciones divinas. Satanás le teme a la oración de mañana, a la oración que es antes de que el sol salga, es por eso que, hoy en día, muchos hombres de Dios no pueden levantarse de mañana, porque, en sus noches, Satanás les entretuvo, les distrajo y no se pudieron acostar a una hora adecuada para poder tener la fuerza de levantarse de madrugada.

Quiero señalar algunos hombres en la Biblia, cuyo éxito y efectividad fue gracias a ese horario en el que se encontraban con Dios a solas.

Uno de ellos es **Abraham**:

> *"Abraham se levantó muy de mañana y, enalbardó su asno, y tomó consigo dos siervos suyos, y a Isaac su hijo[3]"*
>
> GÉNESIS 22:3 (RVR 1960)

Esa fue la vez que Dios le dijo a Abraham: *"sacrifícame a tu hijo"*. Allí notamos que uno de los hábitos y estilos de vida de Abraham era encontrarse con Dios muy de mañana. Hablamos del hombre de la fe, el hombre que lo llaman el padre de la fe, y preguntamos ¿cuál es el secreto por el cual Abraham es considerado amigo de Dios y es llamado el padre de la fe? Uno de sus secretos era que oraba de mañana, se encontraba con Dios muy de mañana. Es muy difícil que alguien que se levante de madrugada a orar con Dios no sea un hombre de fe en el resto del día.

También encontramos a **Jacob**, el nieto de Abraham: Dios le habló a Jacob en Betel y le dijo que estaría con él; sin embargo, Dios le habló a Jacob en la noche y él le respondió a Dios en la madrugada. La Biblia dice: *"se levantó Jacob de mañana y tomó la piedra que había puesto de cabecera y alzó por señal y derramó aceite encima de ello"*. Era una costumbre, era un estilo de vida que aprendió de sus antepasados, encontrarse con Dios de mañana; aquí vimos que Jacob derramó aceite de mañana. Si lo actualizáramos hoy, en el presente, diríamos: *"tenemos que ser como Jacob, derramar el aceite en la mañana"*; es en la mañana donde podemos derramar nuestros corazones.

---

3. **Génesis 22:3** "Y Abraham se levantó muy de mañana y, enalbardó su asno, y tomó consigo dos siervos suyos, y a Isaac su hijo; y cortó leña para el holocausto, y se levantó, y fue al lugar que Dios le dijo".

Yo mismo, cuando me levanto de mañana, después de descansar, noto que la presencia de Dios es más fuerte en ese horario, mi espíritu está más sensible, mi corazón, mi mente está más quieta. ¿No te has preguntado por qué en todas las escuelas prefieren darles clases a los niños por la mañana? Porque, en la mañana, la mente está descansada, el cerebro es más receptivo, es más abierto el espíritu para aprender y para escuchar.

Yo he notado que cuando me he acostado muy tarde, como a todos nos ha pasado alguna vez, cuando trato de levantarme a la mañana siguiente, lo hago, pero no es lo mismo, porque mi cuerpo no está descansado. Una de las claves del éxito de orar de madrugada es poder dormir muy bien en la noche, eso ayuda en gran medida. Yo creo que, como Jacob, es tiempo de que el pueblo se levante a derramar su corazón de mañana; Jacob derramó aceite, tú derramarás lágrimas, tú derramarás llanto, te encontrarás con la presencia de Dios, notarás que lo que Dios te habló en la noche, tú le vas a responder a Él en la mañana. Es tiempo de que esta generación se levante de mañana a encontrarse con el Dios Todopoderoso.

Otro de los hombres que también podemos encontrar en la Biblia es **Josué**. Dice la Biblia:

> *"Y Josué se levantó en la mañana y los sacerdotes tomaron el arca de Jehová".*
>
> JOSUÉ 6:12 (RVR1960)

Josué, el hombre que conquistó a Jericó, el que tomó el lugar de Moisés, el hombre que dice la Biblia que Jehová hablaba con él, el hombre que le dijo al sol:

"Sol detente en Gabaón[4], y tú, Luna, en el valle de Ajalón[5]". Un hombre de tanto poder y de tantas señales, conocemos y descubrimos que era un hombre que buscaba a Dios de madrugada. Es imposible poder tener señales en el día, si no es pedida y buscada en la mañana. Hay cosas que, si tú no las conquistas, al menos que no comiences de mañana a darle vueltas, no lo vas a lograr. Hay cosas que vamos a poseer solo cuando oremos de mañana. Josué se levantaba de madrugada para darle vueltas a Jericó (**Josué 6:12**). Era en la mañana que ellos se encontraban con Dios, obedecían a Dios. Si quieres derribar los muros de tu Jericó, es tiempo de que, como Josué, te levantes de mañana a buscar a Dios y a conquistar lo que Dios quiere que conquistes. La Biblia está llena de profetas y hombres que se encontraban con Dios de mañana, haz tú lo mismo. Dios no tiene acepción de persona. En la Biblia dice así:

"porque no hay acepción de personas para con Dios".
ROMANOS 2:11 (RVR1960)

Si Él les pudo hablar a esos hombres de la Biblia y a otros más fuera de la Biblia, lo puede hacer contigo también.

"Levántate mañana temprano. Él te estará esperando".

---
4. Gabaón: en hebreo "ciudad en la colina". Actual El-Jib, situada al noreste de Jerusalén en el ac- tual estado de Israel.
5. Ajalón: Lugar en las tierras bajas de Sefela en la antigua Tierra de Israel, identificado en la década de 1800 como Yalo al pie de un pueblo árabe palestino a 13 km. al sureste de Ramla.

CAPÍTULO 4

EL REY DAVID Y LA ORACIÓN DE MADRUGADA

"Dios, Dios mío eres tú; De madrugada te buscaré; Mi alma tiene sed de ti, mi carne te anhela".

SALMOS 63:1 (RVR1960)

¿Por qué me emociona tanto hablar del Rey David? Porque era uno que, tal vez, no hizo las señales que hizo Josué, no detuvo el sol ni la luna, no fue como un Elías que bajó fuego del cielo, tal vez no fue como un Abraham o como un Jacob, no tuvo esas grandes señales de esos patriarcas, pero fue el único que dijo en el **Salmos 63**: *"Mi alma tiene sed y mi carne te anhela"*. Los demás hombres buscaban señales, él quería a Dios, y David es uno de los ejemplos que debemos tomar de cómo estar hambrientos de la presencia de Dios, de cómo darle importancia a las cosas de Dios, especialmente a su presencia.

Cuando David fue echado del trono, uno de sus ruegos fue:

"No apartes tu santo Espíritu de mí".
SALMOS 51:11 (RVR 1960).

CONFORME AL CORAZÓN DE DIOS

Él estaba muy apasionado por Dios, David no solo fue rey, fue también sacerdote, fue patriarca y fue profeta, era un hombre muy profundo, tanto así que la Biblia dice que el corazón de David era conforme al corazón de Dios. Ahora, ¿dónde estaba el secreto?

¿Por qué David pudo conquistar tanto la presencia de Dios? ¿Por qué David pudo llevar su corazón a que se pareciera y fuera conforme al corazón de Dios? ¿Por qué David vivió momentos tan gloriosos? Incluso, Dios eternizó el reinado de David, porque Dios le dijo que se iba a levantar de los lomos de David un Rey y que su reino no tendría fin, y ese rey es Cristo Jesús. En el Nuevo Testamento puedes encontrar varias historias donde a la gente le dicen hijo de David, porque David fue tan amante de la presencia de Dios, vivió en victoria, doblegó a todos sus enemigos, nadie lo pudo matar, nadie lo pudo tocar, fue el más perfecto de todos los reyes que existieron. Dios amó mucho a David, ¿Cuál era la clave? Sencillo, la Biblia dice:

"¡Oh Jehová!, de mañana oirás mi voz y de mañana me presentaré delante de ti y esperaré".
SALMO 5:3 (RVR 1960)

Dios oía la voz del dulce cantor de Israel, en la madrugada oía la voz de David. Lo llamaban así porque le cantaba a Dios en la mañana. David oraba todos los días de madrugada, y estamos hablando de un Rey, estamos hablando de un hombre que estaba lleno de responsabilidades, que tenía que recibir diferentes gobernadores y reyes, que tenía una agenda muy apretada en el día; sin embargo, jamás negoció su mañana con Dios por atender ninguna otra ocupación.

ORAR DE MADRUGADA

Esa es una de las cosas que yo veo que está destruyendo a muchísimos hombres de Dios, que, mientras no tenían tantas posiciones, eran personas que buscaban a Dios de madrugada; hoy en día al ser presidente de esto y de lo otro, al tener tantos cargos y responsabilidades, ya no tienen tiempo para orar, sabiendo que lo más peligroso para un ministro es cuando no pasa tiempo a solas con Dios. Jamás negocies tu mañana con nadie, tu mañana es como la de David: *"¡oh Jehová!, oirás mi voz de mañana"*. Él se levantaba todos los días en la madrugada a buscar a Dios, y decía: *"oirás mi voz y yo me presentaré delante de ti y esperaré"*.

David sabía esperar de mañana, por eso Dios le daba dirección, y cuando había problemas en el reino o había peligro, Dios le hablaba a David y le decía lo que él tenía que hacer, pero el secreto era que, según el salmo, David iba de mañana y se encontraba con Dios. Era un hombre que agradaba a Dios y que su corazón era conforme al de Dios, pero su estilo de vida, de oración de mañana, era la clave.

Si quieres agradar a Dios como David, levántate y busca a Dios de mañana, de madrugada.

CAPÍTULO 5

EL PODER DE ORAR EN EL ESPÍRITU

"Orando en todo tiempo y con toda oración y súplica en el Espíritu, y velando en ello con toda perseverancia y súplica por todos los santos".

EFESIOS 6:18 (RVR 1960)

Dedicamos este capítulo a la importancia de orar en el Espíritu. Quiero hablarte sobre la importancia maravillosa y los beneficios que tendremos si comenzamos a pasar tiempo en oración en el Espíritu. Las oraciones de miles de personas hoy en día están secas como un desierto, no sienten lo que dicen, no sienten lo que oran, y sienten como que sus palabras se las está llevando el viento.

Precisamente por eso, te quiero hablar aquí sobre el poder que hay en orar en el Espíritu. Hay dos cosas que un cristiano debe saber, dos elementos importantes: el Espíritu y la fe. Un cristiano sin el Espíritu está muerto, y un cristiano sin fe está más que muerto.

LA FE

Es importante entender que para avanzar en el reino de Dios y ver las cosas de Dios materializadas en nuestras vidas, tenemos que tener fe. La Biblia dice en **Hebreos 11:6**, que *"sin fe es imposible agradar a Dios"*. **Romanos 14:23** dice que, *"todo lo que no viene de fe es pecado"*, y la Biblia, en Hebreos, habla y nos trae la luz de uno de los secretos de los antiguos patriarcas, de los hombres de la antigüedad y nos dice que *"eran hombres de fe"*: nos menciona a Abraham, nos menciona a Noé, nos menciona a Sara, dándonos claridad el Señor, de que por medio de la fe, lo que ellos alcanzaron, nosotros podemos alcanzarlo también. Es imposible vivir sin la fe, si no tienes fe, nada de lo que hagas tendrá resultado. La oración del justo puede mucho, la oración con fe. Jesús enseñó sobre el orar con fe:

> *"Por tanto, os digo que todo lo que pidiereis orando, creed que lo que recibiréis, y os vendrá".*
>
> MARCOS 11:24 (RVR 1960)

En pocas palabras, cree que lo que estás orando está sucediendo, es sumamente importante orar con fe. La Biblia dice que el que se acerca a Dios tiene que creer que Él está ahí y que es galardonador de los que le buscan. Cuando oras te acercas a Dios y es necesario que tengas fe en que Él te está escuchando. Así que, la próxima vez que ores, cree que lo que estás orando está sucediendo, viniendo a la existencia.

VIVIR EN EL ESPÍRITU

En el Libro de Romanos, capítulo 8, el apóstol Pablo habla de que fuimos llamados a vivir en el Espíritu y a vivir por el Espíritu. Y si vivimos por el Espíritu, debemos aprender a orar en el Espíritu y con el Espíritu. Miles de miles de cristianos no están disfrutando este tremendo regalo que el Señor nos ha dado: el orar en el Espíritu. Cuando oramos en el Espíritu, no oramos en nuestras fuerzas ni en nuestros deseos, sino que se nos es revelado por el Espíritu cuál es la voluntad de Él y cuál es la oración que Él, al escuchar nos va a responder. Es tan importante que la iglesia de hoy y mucha gente aprenda esta pequeña enseñanza. Los beneficios que tendríamos, los alcances que tendríamos, las ventajas sobre Satanás, el nivel de revelación, el nivel de discernimiento y de profundidad sería extremo.

Cuando alguien ora en el Espíritu, comienza a visualizar cosas que en la carne y en lo natural no se pueden ver. El apóstol Pablo habla de las armaduras, pero termina diciendo:

> *"Orando en ello con toda perseverancia y súplica en el Espíritu"*.
>
> EFESIOS 6:18 (RVR 1960)

Es imposible hacerle la guerra al diablo en la carne. Después que Pablo habla de la fe, de la espada, de todas las armaduras, termina diciendo:

"Solo la gente que está en el Espíritu puede acceder a esas armaduras, orando y perseverando en ello y suplicando en el Espíritu".

La gente carnal jamás va a disfrutar de revelación, jamás va a escuchar la voz de Dios ni va a discernir los misterios divinos. Si tú lees la historia de Daniel, cuando él le revela los sueños a Nabucodonosor, le da la interpretación. Ahora, antes que Daniel le dijera el sueño y lo interpretara, Nabucodonosor amenazó con cortarle la cabeza a los brujos y adivinos, porque a él nadie podía revelarle sus sueños. Esos brujos dicen algo importante: "lo que tú quieres, Rey, solamente los dioses que no moran en carne lo pueden revelar". Claro, ellos no conocen al Padre, al Hijo y al Espíritu Santo.

Es tremendamente revelador y maravilloso entender la declaración de gente que ni conoce a Dios; entendieron que las revelaciones profundas y los misterios de Dios le son revelados a la gente que no anda en la carne sino en el Espíritu. Es por eso que la iglesia carnal es un hazme reír de Satanás, los brujos juegan con ellos; pero cuando la iglesia es espiritual, hace temblar al infierno, hace temblar la región. Los cristianos carnales no se duermen mirando la televisión, pero leyendo la Biblia se duermen de una vez; se aburren cuando van a la iglesia, miran el reloj cuarenta veces, porque el carnal no percibe las cosas que son del Espíritu.

Yo creo que es tiempo de vivir en el Espíritu. La Biblia dice que el hombre carnal y natural no puede percibir las cosas del Espíritu, le llama locura, porque con una mente natural no se pueden aprender las cosas espirituales. Entonces, necesitamos comenzar a ir en el Espíritu, orando en todo tiempo y con toda oración y súplica en el Espíritu. El apóstol Pablo nos habla y nos recomienda que nuestra súplica y nuestra oración sean en el Espíritu.

¿QUÉ ES ORAR EN EL ESPÍRITU? ¿CÓMO HACERLO?

Una de las formas de orar en el Espíritu es orar en tu propio idioma

Orar en tu propio idioma. Muy pocas veces se enseña a orar en el Espíritu en tu propio idioma.

¿Cuándo ocurre esto? Cuando de pronto, aunque entiendes lo que dices, pero percibes que no sale de tus sentimientos; sientes que hay una fuerza especial dentro de ti que te hace orar en esa dimensión.

¿Cómo te das cuenta de que estás orando en el Espíritu? Cuando oras en el Espíritu con el entendimiento, eres absorbido por esa oración, y sientes que no puedes dar otro paso ni salir del capítulo, que algo está controlando tus sentimientos.

Cuando estás orando en el Espíritu con entendimiento, sientes que han transcurrido diez minutos cuando, realmente, han sido tres horas; porque tú sientes que el tiempo se detiene, Dios se apodera de ti y tu boca ora por gloria, sientes que tus sentimientos no intervienen en ese nivel de oración, y aunque seas consciente de ciertas necesidades, no oras por ellas, porque comienzas a tener revelaciones en tu espíritu de lo que debes orar al Padre. Es un momento donde te vas de tus propios sentidos para estar en las revelaciones de Dios. Los planes de Dios en ese momento en ti comienzan a tener vida y a afectarte, tu mente es cautivada por el Espíritu Santo de Dios, tus sentidos comienzan a ser controlados por la fuerza de la presencia de Dios, es cuando oras desde lo profundo de tu corazón.

Yo creo que todos hemos sentido alguna vez ese nivel de oración: orando en el Espíritu con nuestro entendimiento, con nuestra mente, oramos en nuestro idioma, pero este está controlado por un sentir espiritual, comenzamos a tener revelaciones en el corazón, pero es tan rápido que ni siquiera nos damos cuenta. ¿Te ha pasado esto alguna vez?, que entras en un nivel de oración y sientes que en un momento el tiempo se paraliza, el sueño se detiene, el cansancio no se interpone, los dolores no interrumpen, donde la persecución no tiene lugar, donde sientes que las críticas no te afectan, donde te sientes seguro, donde sientes que tienes tal fe que puedes mover una montaña, sientes que lo que estás orando está sucediendo.

Esa es una de las formas, que, aunque oramos con nuestra mente y con nuestro entendimiento, estamos cautivos por el Espíritu Santo. No oramos lo que queremos, sino que oramos lo que nos es revelado en el momento, porque el Espíritu toma dominio de nosotros. Y aunque oramos en nuestro idioma, estamos siendo controlados por una atmósfera espiritual.

En ese momento, no escuchas ni la música, las voces se callan, eres un espíritu con Dios, y comienzas a sentir lo que es una comunión tan plena y tan segura que puedes descubrir misterios sorprendentes y sobrenaturales, y lo que le lleva a un maestro cinco años para enseñártelo, lo puedes recibir en tres segundos en el Espíritu Santo, porque en el Espíritu Santo no hay limitación.

Hoy declaro en fe que esas oraciones muertas, tienen que terminar, es tiempo de que pelees tanto con tu carne que ya dejes el nivel carnal y entres al nivel del Espíritu. Cuando tú comienzas a orar en tu idioma, pero en el Espíritu, comienzas a orar por la campaña, por una actividad, y mientras estás orando comienzas a tener revelaciones de lo que el Padre ha concedido para ese momento, y es ahí donde tú entras en oración de acuerdo al corazón y a la voluntad de Dios, porque el Espíritu Santo te revela en tu espíritu lo que debes decir naturalmente con tu boca.

TESTIMONIOS

Recuerdo una ocasión en la que estaba predicando en una pequeña iglesia en Carolina del Norte. Mientras oraba por el culto para que Dios salvara las almas santas de los enfermos, de pronto, entré en la oración en el Espíritu y, aunque entendía lo que decía, comencé a sentir la sobrenaturalidad en la oración y, repentinamente, comencé a tener visión de la voluntad de Dios en la oración: de momento salí de mi cuerpo y fui a la pequeña iglesia, me paré en la plataforma, pude ver las personas que alababan a Dios, también vi al pastor; de repente, comencé a predicar y, de pronto, vi que entró un hombre en una silla de ruedas, era paralítico, le pude ver hasta el color de la ropa, me di cuenta de que para mi espíritu eran la ocho de la noche; pero para mi cuerpo, eran las cinco. Fue algo muy extraño.

Las cosas que vivirán si oran en el Espíritu serán inexplicables para la mente natural. Bueno, luego lo llamé, le puse la mano y se levantó de la silla y caminó, luego volví al cuerpo, me dije que con esto entendí que debía orar por un paralítico. Así que ya no oré por gripe, la oración era por el paralítico. En la noche, exactamente lo que vi en medio de la oración fue lo que ocurrió, el paralítico llegó tal como me fue revelado y Dios lo levantó.

Les cuento algo más: Hace unos años, estaba en una ciudad de República Dominicana, mi hermoso país, recuerdo que estábamos celebrando una campaña. Me encerré a orar por dicha campaña, rogaba a Dios que tocara a la gente y sanara a los enfermos. De pronto, sentí que mi oración comenzó a ser controlada por el Espíritu Santo y comencé a orar por los ciegos con intensidad, sentía que era la oración en el Espíritu. Después de varias horas, sentí cuando terminó que no tuve ninguna visión con los ciegos, pero sabía que algo iba a suceder. Cuando fui en la noche a predicar, el pequeño estadio estaba lleno de gente, y recuerdo que, mientras ministraba, el Señor me dijo que un ciego acababa de ser sanado, y, de repente, entre la multitud, un hombre comenzó a gritar: "puedo ver", "puedo ver". Lo trajeron a la plataforma y ¡Gloria a Dios! Sus ojos ciegos se habían abierto por el poder de Dios.

Es por eso que te animo a que busques a Dios, ruégale que te ayude a orar en el Espíritu. Yo declaro en fe que tu mente será cautiva por el pensamiento del Espíritu Santo. Yo declaro en fe que tu tiempo de oración será tan influenciado por la presencia de Dios que se te hará difícil saber cuándo estés en el cuerpo o en el Espíritu.

CAPÍTULO 6

ORANDO EN LENGUAS

La segunda forma de orar, que es la más importante de esta enseñanza, es *orar en lenguas*.

Yo quiero ser fiel al llamado de Dios, hay cientos de miles de iglesias, que solo oran con la mente, solo oran con el entendimiento, mientras una de las formas más concretas de orar en el Espíritu es orar en lenguas. Por eso, cada creyente debe buscar a Dios hasta que lo bautice, hasta que hable idiomas con el Espíritu de Dios. Si tú no tienes el bautismo, trata de sacar un fin de semana y enciérrate, no comas ni bebas hasta que Dios te bautice en el Espíritu Santo.

El mayor error de un instituto es enseñar a la gente a ser pastor, darle un diploma, sin, ni siquiera, preguntarle si el Espíritu Santo lo bautizó. ¿Para qué quiero un pastor lleno de diplomas sin la presencia de Dios? Hay mucha gente que se preocupa más por la letra que por el Espíritu. Yo escuché un testimonio del evangelista Yiye Ávila; él contó que en una ocasión un grupo de jóvenes se graduaron en una Universidad muy bonita y buena, del instituto, y llegaron con su diploma donde Yiye y le dijeron:

Nos graduamos.
Ok. ¡Qué bendición!, ¿ustedes ya hablan en lenguas? — les preguntó Yiye Ávila.
No — le respondieron.
¿Les hablaron del Espíritu Santo?
Sí, sí.
¿Oraron por ustedes para que los bauticen?
No, no.
Pues, métanse todos en ese sótano y no salgan hasta que no hablen en lenguas — les dijo Yiye.
Y les trancó la puerta y los dejó allí varios días. Cuando salieron, hablaban en lenguas, profetizaban, saltaban y estaban llenos del Espíritu Santo. Les preguntó Yiye:
¿Ya hablan en lenguas todos?
Sí, ya estamos bautizados.

Ok, métanse unos tres o cuatro días más para que Dios les revele cuál es su ministerio, porque el instituto los capacita, pero el que los llama es el Espíritu Santo, Él es quien imparte los dones, Él es quien imparte el llamado.

La iglesia debe retornar a la vida del Espíritu Santo de Dios, porque hoy en día hay mucha letra y poco Espíritu. Es importante estudiar, tener conocimiento, ir a la mejor universidad que puedas, pero sin una vida en el Espíritu todo se muere.

Cuando tú hablas de estos temas, de una vez la gente te tacha y dice: "Mira, este es un pentecostal de huesos colorados, un emocionista". Yo prefiero que me llamen emocionista y vivir en el Espíritu que vivir siendo un dotado muerto, apagado, y sin vida de Dios.

¿Tú sabes lo que uno disfruta cuando se habla en lenguas en el Espíritu? La Biblia dice en **Isaías 28:11**, *"en lenguas de tartamudos le haré hablar y le daré reposo en ese idioma"*. Cómo es posible que casi no se mencione sobre el don de hablar en lenguas, y haya tanta gente confundida, justificando su poca entrega a Dios diciendo que eso es al que el Espíritu le quiera dar el don. ¡No! Eso es para todos; lo que pasa es que hay diferentes ramas en el don de hablar en lenguas, está la rama en la que hablas en **un idioma diferente al que tú sabes**, como señal para un incrédulo: de pronto, le puedes hablar a alguien chino, y el chino entiende lo que le dices, y se pregunta muy sorprendido cómo pudiste hablar en chino; esas son lenguas como señal, lenguas seleccionadas en Pentecostés, como dice en **Hechos 2:4**, *"los escuchaban hablar cada uno en su idioma las maravillas de Dios; hablaban en diferentes idiomas porque el Espíritu se los daba"*. Esa fue la primera manifestación de una lengua entendible, pero, luego, Pablo habla de lengua celestial, de género de lengua y de misterio.

Es increíble ver cómo organizan congresos hablando del Espíritu y el que menos está presente es el Espíritu Santo. No incluyen en sus conferencias los dones del Espíritu Santo, no se le da importancia a la vida del Espíritu en la que Dios quiere que vivamos. El Señor quiere llenarte de su Espíritu y sus dones, conviértete en un siervo sediento y hambriento, porque la Biblia dice en **Mateo 7:8**, que, *"Porque todo aquel que pide, recibe; y el que busca, halla; y al* *que llama, se le abrirá"*, y esa palabra no falla. Fue el mismo Cristo quien dijo en **Juan 7:37-38** *"el que tenga sed que venga a mí y beba, y de su interior fluirán ríos de agua viva"*, y dice el escritor: *"y esto hablaba del Espíritu Santo"*.

EL BAUTIZO

Es sumamente importante que el Señor te bautice. Cuando esto sucede, te llena, tu vida cambia, eres alterado, eres llevado del ámbito natural a un ámbito espiritual. Este mensaje es para ti, es Dios diciéndote que, si lo buscas, Él te da. Cuando Dios te bautiza te llena; imagínate, si uno tiene problemas con los que están llenos, cuánto no será con los que están vacíos. En **Efesios 6:18**, Pablo se refiere a orar en el Espíritu, es orar en otras lenguas.

Dice la Biblia:

> *"Porque si yo oro en lengua desconocida, mi espíritu ora, pero mi entendimiento queda sin fruto".*
> 1 CORINTIOS 14:14 (RVR 1960)

Ahora, Pablo dice:

> *"pero mi entendimiento queda sin fruto".*

Como ya hablé en el capítulo pasado, podemos orar con el entendimiento y el espíritu. Lo que yo quiero señalar es lo que él dice: *"porque si yo hablo en lenguas desconocidas"*. Desconocido es que nadie le entiende, que no hay intérprete para eso, que esa es una línea directa que vino de Dios, que el diablo puede pegarse al lado tuyo a ver qué es lo que tú estás orando y no lo va a entender. Te imaginas lo precioso que es que, cuando tú estés hablando con Dios, el diablo no te entienda. Analicemos las palabras de Pablo: *"Cuando hablo en lenguas desconocidas, mi espíritu es el que ora"*, pero hay algo más profundo: Pablo dice que *"no sólo se puede orar en el espíritu"*, él dice que también *"cantará con el espíritu"* y *"cantará con el entendimiento"*.

¿Qué sucede en este tiempo? Que hay muchos cantando en el entendimiento, pero muy pocos cantando en el espíritu; y Dios dice que quiere que también canten en el espíritu. Pablo dice que yo puedo cantar con el entendimiento canciones entendibles, pero que puedo también cantar canciones que no me las entiende nadie. Por eso tú puedes ver personas que cantan en diferentes lenguas que cualquiera diría que están locos. A eso se refería Pablo, con cantar en el espíritu.

Hay que volver a la vida de Dios, hay demasiado humanismo en el púlpito, demasiado sentimiento, demasiada gente tratando de explicarle a gente carnal las cosas espirituales.

La Biblia dice que el que ora en lenguas se edifica a sí mismo. Edificar significa incrementar. ¿Por qué hay tanta gente que impide eso en la iglesia? Pastores dotados, gente de alto nivel universitario, no le dan paso a eso, no lo dejan fluir. Porque muchas veces no hemos entendido que hay varios niveles de lenguas:

La lengua como señal, ya explicada.
La lengua profética que debe ser interpretada.
La lengua para orar en secreto.

Y algunas más que en el libro **Concitando al Espíritu Santo** hablaré con más detalle. Ahora, en ese nivel de hablar en lenguas, nadie te entiende, solo Dios, los hombres no te pueden entender ni los brujos tampoco. Si el mundo físico tiene un lenguaje, el espiritual también lo tiene. Ya que lo que se ve fue hecho de lo que no se veía.

> *"Por la fe entendemos haber sido constituido el universo por la palabra de Dios, de modo que lo que se ve fue hecho de lo que no se veía".*
>
> HEBREOS 11:3 (RVR1960)

Esto significa que **el mundo visible es una copia del mundo invisible**; por ejemplo, aquí hay carros y Elías se fue en un carro de fuego.

En el mundo espiritual, existen otros idiomas que no son ni inglés ni español ni alemán. Yo que fui criado entre brujos, cuando a mi tía o a mi mamá les venía un demonio sobre ellas, hablaban en otro idioma; muchas veces hablaban en haitiano, en africano y otras veces hablaban en un idioma que no lo entendía nadie. Entonces, si los hijos del diablo disfrutan el lenguaje del diablo, ¿cómo es que yo no puedo disfrutar el lenguaje del Espíritu Santo? Satanás es un perfecto imitador de las cosas de Dios; él imita, pero no crea, ese poder nada más lo tiene Dios.

> *"Porque el que habla en lenguas no habla a los hombres, sino a Dios; pues nadie le entiende, aunque por el Espíritu habla misterios".*
>
> 1 CORINTIOS 14:2 (RVR 1960)

Cuando yo me arrodillo en mi lugar y oro en mi idioma natural por el Espíritu, absorbido por ese momento y, de pronto, comienzo a hablar en lenguas, pueden entrar mi esposa y mis hijos y no me van a entender, porque yo no les estoy hablando a ellos, mi espíritu no le está hablando a lo humano, mi espíritu no le está hablando a lo corporal, a lo temporal, a lo físico, a lo limitado; mi espíritu le está hablando al ser llamado Dios que es ilimitado, hablo misterios que nada más Dios entiende y, tal vez, en esos misterios estoy intercediendo para evitar una muerte que ni yo mismo sé que va a suceder, pero que Dios sí sabe por qué oro en ese misterio.

Entonces, por qué impedir orar en lenguas. Cuando oro en lenguas hablo misterios, está claro que el orar en lenguas es orar en el Espíritu y este tipo de oración es muy poderoso. Cuando oras en lenguas, no solo hablas misterios, no solo te edificas, hay un regalo que dice:

"Pero vosotros, amados, edificándoos sobre vuestra santísima fe, orando en el Espíritu Santo".

JUDAS 1:20 (RVR 1960)

Judas quiere decir que cuando yo oro en lenguas mi fe se edifica. Yo sé cuándo en mi idioma estoy orando en el Espíritu, y cuando es en lenguas, sin dudas es en el Espíritu. Es un momento donde tú sientes que tu oración lo puede todo, donde no eres interrumpido por nada, donde eres absorbido por esa fresca unción, es donde en tu corazón es revelada la voluntad de Dios.

Si comienzas a orar por un ciego, y dices "sana a los ciegos", tú sientes que esa oración está siendo efectiva. Cuando llega la noche,

Dios sana a un ciego, porque esa es una oración en el Espíritu. Ahora, Judas dice que cuando yo oro en lenguas, oro en el Espíritu, mi fe se edifica, es decir que yo puedo hacer que mi fe crezca.

Voy a explicar esto en forma muy sencilla para que sea entendible: si mi fe, hoy o esta semana, solo me da para sanar un dolor de cabeza, si oro en lenguas, en dos semanas me puede dar para sanar un cáncer. Y a medida que yo voy edificándome en el Espíritu, mi fe va creciendo, porque mi fe depende de la revelación que yo tengo en Dios y en su poder.

Cuando Judas dice: *"edificandoos sobre vuestra santísima fe orando en el Espíritu Santo"*, la palabra edificar, en griego, es "construir sobre", "sobre edificar", "encima". Cuando oro en el Espíritu, añado cosas a mi fe, añado cosas a mi espíritu. Yo empiezo a orar en lo natural, la unción va llegando, entonces, las cosas que no tenía, comienzan a añadirse, porque estoy edificando sobre lo que ya está edificado. Yo declaro que ese nivel es para ti, que estás leyendo.

Cuando oro en lenguas y sigo y sigo orando, se me van añadiendo cosas, y si entré sin nada, después que salgo de la oración, estoy edificando sobre la edificación. Mi fe es edificada, crece, es un hermoso regalo del Espíritu Santo el que podamos hablar y orar en lenguas. Te animo a que busques en Dios este maravilloso don, es para ti.

Hace algún tiempo leí de un hombre de Dios que a veces oraba ocho horas en lenguas y cuando se paraba de ahí, oraba por enfermos con los huesos torcidos y se enderezaban, donde no había huesos eran creados; el poder que vas a experimentar, espero, es inexplicable.

Yo sé que si estás leyendo este libro es porque el Espíritu Santo ya de antemano ha estado tratando contigo, es porque un abismo ha estado llamando a otro abismo, como dice la Biblia. Creo firmemente que hoy puedes arrodillarte y pedirle a Dios este precioso don, esta gloriosa experiencia de orar en lenguas y de seguro que Él no fallará en responderte.

> *"Acercaos a Dios, y él se acercará a vosotros".*
> SANTIAGO 4:8 (RVR 1960)

Está en ti la decisión de buscar este don, tú decides si quieres vivir seco, muerto espiritualmente o quieres disfrutar de un río de gloria.

¡Levántate! ¡Búscalo! El Espíritu Santo te está esperando.

CAPÍTULO 7

ORANDO EN SECRETO

EN LENGUAS

En este capítulo, quiero retomar el tema de la importancia de orar en lenguas y comentar algunos de los versículos relacionados, ya mencionados en los capítulos anteriores.

Hay cuatro pasajes principales que hablan del orar en lenguas: **Romanos 8:26**, **1 Corintios 14:4-17**, **Efesios 6:18** y **Judas 1:20**.

Es importante entender que el orar en lenguas debe ser para ti mismo, no en público. Las lenguas que se deben hablar en público tienen que ser interpretadas para la edificación de los oyentes. Es por eso que Pablo dice en **1 Corintios 14:28**: *"si no hay intérprete, calle"*. Pero las lenguas que son para el secreto, que según **Judas 1:20** te edifican, no debes pararlas nunca. Sé cómo Pablo, que hablaba más en lenguas que los corintios. Pídele a Dios ese maravilloso regalo y Él te lo dará.

Tú sabes que en el reino de Dios todo se mueve por fe, sin fe nada sucede.

Entonces, Dios nos dio un regalo de cómo hacer crecer la fe, de cómo edificarla, de cómo añadirle: y una de ellas es orando en lenguas.

"Sin fe es imposible agradar a Dios, de modo que lo que se ve procede de lo que no se ve, porque todo fue hecho por la palabra de Dios, por fe fue constituido el universo".

HEBREOS 11:3 (RVR1960)

Hay dos puntos importantes:

Primero: la confusión hoy está en que las lenguas que son para orar en secreto, la gente las habla en público; y las del público, las hablan en secreto, al no estar entrenado en el Espíritu Santo. La lengua que es para ellos, que es para edificar, si alguien la habla y no hay intérprete, calle y háblela para sí mismo.

La lengua que es para profetizar se habla en público. Esos dones casi no se ven, pero sí existen. Cuando, de pronto, alguien se levanta y comienza a dar un mensaje en lenguas, y por allá, en el público, hay alguien que le entiende, y dice: "así dice el Señor", esa lengua es lengua para profetizar y es permitida, pero en público.

"Si habla alguno en lengua extraña, sea esto por dos, o a lo más tres, y por turno; y uno interprete. Y si no hay intérprete, calle en la iglesia, y hable para sí mismo y para Dios".

1 CORINTIOS 14:27-28 (RVR1960)

Fíjate: Pablo no dice que la impidan, solo que, si no hay intérprete, calle y hable para sí mismo. Este tipo de lenguas es para el público, para dar un mensaje siempre y cuando haya un intérprete; si no lo hay, debe callar.

Ahora, de la que yo te estoy hablando hoy, no es la que se habla en público ni es la de señal, ni es la de profecía, porque también hay lenguas proféticas, que tú las vas hablando y tú mismo la vas interpretando; esas no son lenguas de misterios, esas lenguas nada más las entiende cualquiera que tenga el don de interpretarlas. Yo te estoy hablando de orar en secreto en lenguas, cuando hablas misterios con el reino. El mundo espiritual es amplio en Dios.

Segundo: lo que ocurre con miles y miles de cristianos es que solo se quedaron en el hábito de orar con la mente, con el entendimiento, y muy pocos van al nivel de orar en lenguas. Cuando solo oras con la mente, te cansas, porque oras con un entendimiento vacío y más si no oras en el Espíritu. Hay miles de personas que no oran en lenguas, no hablan en lenguas porque no es importante para ellos y no es algo que se deba exigir, pueden vivir siendo cristianos sin ser bautizados con el Espíritu Santo. Pero a mi no me gustaría eso, porque si Pablo lo hacía, Esteban lo hacía y Lucas lo hacía, ¿por qué yo no?

Hoy en día hay mucha gente buena, llena de conocimiento, pero carecen de revelación. Cuando hablas con conocimiento vas a la mente de la gente, cuando hablas con revelación vas al espíritu de la gente, y la gente cambia desde el espíritu hacia afuera. Hay muchos doctores graduados en diferentes ramas del conocimiento, lo cual es una bendición, pero sería más explosivo si ese profesor de universidad sacara dos o tres horas para hablar y orar en lenguas, conocer los misterios que solo el Espíritu Santo nos revela, que no está en los libros, que solo está en el mundo del Espíritu de Dios.

Hoy quisiera invitarte, amado lector, a que anheles orar en el Espíritu, orar en lenguas, pasar horas orando en lenguas en el Espíritu Santo. El que no ora en el Espíritu, jamás conocerá los grandes misterios del Espíritu de Dios.

Quiero terminar con esta palabra tan interesante, que dice así:

"El orar en el Espíritu es permitir al Espíritu Santo que nos ayude en la oración".

Porque cuando oras en lenguas, oras en misterio con Dios, y el que conoce los misterios, sabe por qué está orando.

> *"Y de igual manera el Espíritu nos ayuda en nuestra debilidad; pues qué hemos de pedir como conviene, no lo sabemos, pero el Espíritu mismo intercede por nosotros con gemidos indecibles".*
>
> ROMANOS 8:26 (RVR1960)

Cuando la iglesia solo ora con entendimiento, sin el Espíritu, solo en la mente, no saben orar, la oración mental sin el Espíritu no es oración, son solo vanas repeticiones.

El problema de mucha gente es que solo oran con el entendimiento, oran con una lista y se rigen por la lista: "Señor, mira, el punto número 1 es tal cosa, sigue el punto número 2, etc". Eso es pura repetición, es lo mismo que hacen los judíos en el Muro de las lamentaciones. Perdónenme los amantes de los judíos, pues yo los amo también; pero esa pedidera, no, no, no.

Cuando en el Pentecostés, allí cerca de ese muro, cayó el Espíritu Santo, hablaban en otras lenguas. Si tú entras a la mezquita, y entras a donde está el templo de Alá, ves a los árabes con palabras aprendidas y enseñadas, palabras que desde niño se las saben, solo las repiten y las repiten, eso no es orar en el Espíritu; pero eso a mí no me da problemas, yo no me siento mal con eso, donde me preocupo es que veo a cristianos de igual manera con una lista, y repite y repite. ¡Deja que el Espíritu Santo te tire al piso!

¡Deja que el Espíritu Santo te arrebate! ¡Deja que el Espíritu Santo te ponga a interceder por lo que realmente Dios quiere hacer! Echa la lista a un lado y tírate al piso, dile al Espíritu Santo: "¿cómo orar? Yo no lo sé, pero aquí está mi espíritu, aquí está mi alma, aquí está mi boca, ven sobre mí, arrebátame y ponme a interceder con gemidos indecibles".

También está el nivel de **oración de gemido**, cuando tú oyes a alguien gritando con gemidos, tú piensas que está loco, pero ese lenguaje nada más lo entiende el que lo está recibiendo del Espíritu

Santo, en ese grito se está salvando gente, en ese grito el diablo está soltando a alguien, en ese grito están reprendiendo los demonios de la casa.

La iglesia tiene que volver a la vida del Espíritu, orando en el Espíritu, gimiendo en el Espíritu, alabando en el Espíritu. ¿Dónde están los cantantes de esta generación? Que canten en lenguas, sin importar lo que diga la gente, sin importar lo que diga el productor, recuerda que tu don no te lo dio el productor ni la gente, te lo dio el Espíritu Santo.

Hay montones de ministerios limitando al Espíritu Santo. El único que te hace orar sin palabras es el Espíritu Santo. ¿Alguna vez has sentido tan fuerte la palabra de Dios que ni las palabras te salen? Solo te sale un gemido y una lágrima, y caes al piso y te quedas como absorbido por dos horas, llorando y llorando, y parece que el cielo bajó a la tierra, y tú dices: "Dios mío, no estoy diciendo palabra, pero algo está sucediendo", y cuando sales de ese nivel, sientes que Satanás se inclina delante de Dios, sientes que el diablo huye de tu presencia y tú dices: "Dios mío, pero yo no dije palabra", es que no se necesita palabra, esa es la dirección del Espíritu Santo.

¿Cómo orar? No sabemos. ¿Cómo conviene? No lo entendemos; pero el Espíritu en nosotros nos ayudará a orar.

Yo sé lo que es orar con el entendimiento en el Espíritu, porque es una combinación, puede venir una hora hablando en lenguas y después, otra hora hablando con el entendimiento, pero ahí está el Espíritu de Dios. Cuando hablo de gente que ora mentalmente, es que son gente seca, con una lista predeterminada.

Yo antes oraba así, yo comenzaba con Haití, y terminaba con Puerto Rico, y todas las naciones. Está bien, ese es el primer nivel, pero hay un nivel donde el Espíritu Santo te dirá: "no es Haití, hoy es El Salvador", todo lo que va a suceder en el reino tiene que estar en conexión con el que reina: Dios.

Cuando estaba en estos días por ahí, no voy a decir dónde, el Espíritu Santo me tomó, hay veces que me pongo a orar de rodillas y después de un tiempo es tanto el cansancio que termino roncando, no me digan que a ustedes no les ha pasado, pero esa noche pensé: "esta noche no te vas a dormir de rodillas", y comencé a orar a cierta hora y oré tanta cantidad de oración, en ese nivel del Espíritu, donde solo se escucha lo espiritual y se ve lo espiritual. Me levanté brincando y feliz, porque Dios me habló y eso era una bendición, me dijo lo que tenía que hacer en la noche y lo que iba a pasar. Cuando fui a ese lugar, ya sabía lo que el Espíritu de Dios quería. Entonces, esa es la garantía del éxito ministerial: vivir y hablar por el Espíritu, orar en el Espíritu, predicar por el Espíritu. Jesucristo era tan sujeto y tan amarrado al Espíritu Santo, que sus últimas palabras, cuando estaba en el Monte ya listo para morir, dio mandamientos por el Espíritu Santo:

> *"Hasta el día en que fue recibido arriba, después de haber dado mandamientos por el Espíritu Santo a los apóstoles que había escogido".*
>
> HECHOS 1:2 (RVR1960)

Hasta sus últimas palabras fueron por el Espíritu de Dios, entonces, ¿por qué nosotros queremos vivir y hablar sin el Espíritu de Dios?

Lo más ridículo, lo más tonto, lo más feo, lo que más revela la mortandad de un pastor, es averiguar los problemas de todos los miembros y luego predicarlos, eso habla de lo muerto que es ese pastor. El hombre de Dios no es médico para estar consultando a los miembros casa por casa, el hombre de Dios tiene que subir al monte y bajar con los mandamientos, con la revelación, con lo que Dios quiere para el pueblo.

Volviendo al punto, para culminar, orar en el Espíritu es un tema muy amplio y profundo para abarcarlo en un capítulo de un libro, tan beneficiario y tan hermoso es ver cómo te transforma. Cuando oras en el Espíritu el primero en ser transformado eres tú, el primero que disfruta ese impacto eres tú, y orar en el Espíritu va más allá de las palabras, es algo maravilloso.

En cierta ocasión, estaba en un lugar de los Estados Unidos predicando. Recuerdo que pasé mucho tiempo orando. Cuando tú oras en el Espíritu, pasas cuarenta minutos orando en tu idioma, luego oras una hora hablando en lenguas y, de pronto, estás cantando, sin tú saber cantar.

Por eso, Pablo dice en **1 Corintios 14:15**: *"¿Qué, pues? Oraré con el espíritu, pero oraré también con el entendimiento; cantaré con el espíritu, pero cantaré también con el entendimiento"*. Y yo estaba orando allí y ya llegaba la hora de predicar, y hubo un momento donde fui tan desconectado de lo humano, que sentí que el tiempo para mí se detuvo, y sentí que me fui del cuerpo, que me fui de mis sentidos, me sentí flotando, ya ni palabra me salía, estaba tan absorto que cuando abrí los ojos dije: "¿estoy en el aire o en la tierra?".

Recuerdo en otra ocasión, un día en Carolina del Norte, estaba orando y me entregué tanto al Espíritu Santo que cuando el pastor me tocó la puerta y abrió, casi se cae al piso.

Querido lector, te quiero animar a que ruegues al Señor para que te dé ese hermoso don de orar en lenguas y orar en el Espíritu. Te garantizo que esta enseñanza tú la vas a disfrutar por muchos años, porque serás librado de muchas cosas sentimentales.

> *"¡Prepárate! porque una aventura nueva de oración va a tocar la puerta de tu casa. Amén".*

CAPÍTULO 8

¿POR QUÉ ORAR DE MADRUGADA?

1. Porque nuestro Maestro lo hacía.

"Levantándose muy de mañana, siendo aún muy oscuro, salió y se fue a un lugar desierto, y allí oraba".

MARCOS 1:35 (RVR1960)

En el versículo de **Marcos 1-35**, vemos que Jesús buscaba al Padre y creo que en ese horario era donde el Padre le revelaba la agenda del día.

La Biblia dice que cuando los discípulos lo encontraron, Él les dijo: *"Vamos a otras aldeas"*. Es decir, que es evidente que en ese tiempo de oración Él había recibido dirección de a dónde ir. Una de mis experiencias con la oración de madrugada es la dirección divina que recibo para operar en el día. Muchas veces, en la oración de madrugada es donde veo lo que pasará en las cruzadas de la noche, esa es una de las tantas razones por las cuales la oración de madruga es tan importante. Hoy en día, hay muchos hombres y mujeres de Dios que carecen de la agenda de Dios para el día, porque no le buscaron de madrugada. Unos de los secretos de Jesús en los milagros era simple: Él solo hacía lo que el Padre le mostraba.

> *"Respondió entonces Jesús, y les dijo: De cierto, de cierto os digo: No puede el Hijo hacer nada por sí mismo, sino lo que ve hacer al Padre; porque todo lo que el Padre hace, también lo hace el Hijo igualmente".*
>
> JUAN 5:19 (RVR 1960))

2. Porque aprovecharás el tiempo en tu vida y proyectos.

Algo que aprenderás de la oración de madrugada es cómo aprovechar el tiempo. Te darás cuenta de cómo te rinde el día, ¿sabes por qué?, porque al orar de mañana, tu mente estará sincronizada con el propósito de Dios para tu vida y percibirás en qué invertir el tiempo. Solo las personas que oramos de madrugada entendemos este punto.

3. Porque tendrás una visión y dirección de lo que debes hacer.

Esta es una verdad que en mi vida he vivido. Casi siempre que oro de madrugada tengo visiones de lo que pasará en el día o en el futuro. Tendría tantos testimonios que contar que no alcanzarían las hojas en este libro para hacerlo.

Recuerdo una ocasión en la que estaba dando una campaña en un pequeño pueblo de Colombia, fueron muchos días de campaña sin parar, Dios hacía grandes milagros. Estábamos hospedados en un pequeño hotel y siempre que terminábamos de predicar nos entregábamos a la oración de madrugada. Comenzábamos a orar desde la medianoche en adelante; y en esas noches tuve varias experiencias; una de ellas fue que, mientras orábamos, de pronto, sentí una persona parada detrás de mí, mis ojos se abrieron y vi esa persona, me tocó y me dijo: *"mañana en la campaña vendrá una mujer con un cáncer terminal"*. Ahora, quiero contarte que mientras el ángel me hablaba, yo miraba lo que él decía, esto es algo que descubrirás con Dios, que muchas veces, mientras escuchas su voz, tendrás la visión al mismo tiempo de lo que Él te está hablando.

Seguí escuchando al ángel dándome instrucciones, me dijo: *"La mujer se llama María, ella no es cristiana, Dios le ha concedido la sanidad. Llámala"*; y terminó la visión. Al día siguiente, cuando fuimos a la campaña, había miles de personas, llamé a la mujer y exactamente lo que vi en visión en la madrugada, fue lo que sucedió: Dios sanó a esa mujer y, no solo eso, ella entregó su vida a Jesús.

Tengo cientos de testimonios de experiencias de las visiones que veo en la madrugada, que luego se cumplen en el día o en la noche siguiente. En el próximo libro *"Mi experiencia con Dios"* contaré muchas de estas visiones. Te animo a que ya no vivas ciego a las cosas espirituales. Dios te abrirá los ojos, busca a Dios en la mañana y tendrás visiones del día.

4. Porque estarás bajo la dirección del Espíritu Santo en todo lo que hagas.

"Porque todos los que son guiados por el Espíritu de Dios, estos son hijos de Dios".

ROMANOS 8:14 (RVR1960)

Tú no estás llamado a ser dirigido por otro que no sea por la persona del Espíritu Santo. Dios te diseñó para dirigirte en todo, Jesús dijo: *"el Espíritu Santo te guiará a toda verdad".*

Nadie puede ser dirigido por el Espíritu de Dios si no vive en el Espíritu y nadie podrá vivir en el Espíritu si no tiene un estilo de vida de oración. Solo el que vive en oración tendrá la capacidad de discernir la voz del Espíritu Santo. Uno de los fracasos más grandes en hombres y mujeres es que se dejan dirigir por las circunstancias que están viviendo, por la necesidad, dolor, etc.

Algo que me atrajo mucho la atención es la historia de Elías: él estaba en el Arroyo de Kerit, Dios lo envió a ese lugar y después de algunos días, el arroyo se secó.

"Pasados algunos días, se secó el arroyo, porque no había llovido sobre la tierra".

1 REYES 17:7 (RVR1960)

Lo sorprendente es que, a pesar de que no había agua, el Profeta no se movió de donde Dios lo plantó, él no dejó que la necesidad decidiera por él, se quedó esperando la dirección de Dios. Yo conozco cristianos que, si le pasa lo de Elías, comienzan a claudicar: que si

Dios fue quien lo puso ahí, o porque ellos solo entienden que Dios está con ellos mientras el arroyo tenga agua. Sin saber que muchas veces es necesario que los arroyos se sequen para salvar una viuda. Si lees la historia, te darás cuenta de que gracias a que el arroyo se secó, Elías llegó donde la viuda de Sarepta, y ya sabemos la historia de cómo Dios salvó a esta viuda y su casa.

Ahí es donde me doy cuenta de que Elías era sensible y obediente a la voz de Dios; la Biblia dice:

> *"Vino luego a él palabra de Jehová, diciendo: Levántate, vete a Sarepta de Sidón, y mora allí; he aquí yo he dado orden allí a una mujer viuda que te sustente".*
>
> 1 REYES 17:8-9 (RVR1960)

Qué maravilloso ver cómo este hombre de Dios, a pesar de tener sed y necesidad, no se mueve hasta que no viene la palabra de Dios; hasta que él no escucha qué dice Dios, no da un paso. Muchos de los fracasos que hoy ocurren es por movernos sin escuchar a Dios, pero yo pido a Dios que desde hoy tú comiences a ser dirigido por el Espíritu Santo. A veces, Dios no nos guiará a donde queremos, sino donde Él quiere.

En una ocasión fui invitado a España para predicar en una campaña. Llegó el día del viaje, nos levantamos, tomamos el avión, pero teníamos que hacer una escala en Chicago; esperamos dos horas en el aeropuerto y, cuando llegó la hora para abordar, faltando solo diez minutos, oigo al Espíritu Santo que me dice: "No vayas, vuélvete", dije: "¿Queeeeeé?". "Sí", me dijo. Bueno, imagínate, ¿quién puede con la voluntad de Dios? Compré un vuelo hacia Kansas de regreso; cuando venía por el camino, le pregunté al Señor: "¿Por qué no me dijiste esta mañana cuando me estaba preparando? Me hubiera evitado todo este tiempo y no hubiese tenido que comprar otro ticket", y Él me dijo: "porque te estoy probando a ver si me obedeces a mí o a la agenda".

¡Wow!, gracias a Dios que el pastor era un hombre espiritual y entendió, pero te digo que Él te probará para ver hasta dónde estás dispuesto a obedecerle.

Te animo a que le busques de mañana y te garantizo que tendrás dirección en el día.

5. Porque tendrás revelación de la voluntad de Dios para cada día.

> *"En aquellos días, él fue al monte a orar, y pasó la noche orando a Dios. Y cuando era de día, llamó a sus discípulos, y escogió a doce de ellos, a los cuales también llamó apóstoles".*
>
> LUCAS 6:12-13 (RVR 1960)

En este pasaje, vemos con claridad esta verdad: Jesús pasó la noche en oración y parte de ese tiempo fue de madrugada. Al salir el sol, ya Él sabía a quiénes el Padre había escogido para ser parte de su equipo ministerial. Es evidente que Cristo en la oración de madrugada tuvo revelación de la voluntad de Dios para su vida ministerial, e igual sucederá con nosotros si buscamos a Dios de madrugada. Yo he vivido esto muchas veces en mi vida, he tenido la dirección de Dios para muchas cosas, para tomar decisiones.

Recuerdo en una ocasión que Dios me había hablado de levantar una cadena radial cristiana. Yo no tenía los recursos, ni siquiera para comprar un micrófono, pero comencé a orar y Dios tocó a muchas personas y, milagrosamente, compramos la radio; y hoy en día, tenemos cuatro estaciones de radio; una de ellas, Dios tocó el gobierno de los Estados Unidos y nos la regaló.

Pero, antes que Dios nos diera esas radios, no sabía qué nombre llevaría la cadena radial y para mí era muy importante saber cómo le llamaríamos.

Recuerdo que decidí pasar toda una noche orando, preguntándole a Dios cuál sería el nombre. Mientras oraba por varias peticiones que el Espíritu Santo ponía en mi corazón, en medio de clamores, yo le preguntaba: "Señor, ¿cómo se llamará la cadena radial?". Las horas pasaban y como a las tres o cuatro de la madrugada, me quedé de rodillas y tuve una visión, escuché el nombre claro que decía "Radio Aliento"; desperté de la visión y escribí el nombre. Hoy en día, ese es el nombre que lleva, y les puedo decir que, realmente, este nombre ha sido perfecto, ya que esta radio, en los lugares donde está, ha sido un aliento de Dios para los oyentes. Hay cientos de testimonios de personas que cuentan cómo esta cadena radial los bendice.

Se ve simple, pero la importancia de tener revelación en lo que hacemos es la garantía del éxito en nuestros proyectos. Te aconsejo que, como Jesús, busques la voluntad de Dios en todo lo que hagas.

Ya no vivas a ciegas improvisando, tú tienes la oportunidad de conocer la perfecta voluntad de Dios para tu vida, preséntate ante Dios de mañana y verás cómo tu vida será exitosa.

6. Porque conocerás los planes de Satanás para cada día.

Recuerdo que hace años, cuando aún yo era soltero y no tenía novia, Dios me habló en una visión y me dijo que tenía que ir a un lugar a dar una campaña. Yo era muy joven, tenía alrededor de dieciocho años de edad, Dios me dio el nombre del lugar y del pastor de esa comunidad. Yo no conocía a nadie, jamás había escuchado hablar de ese pastor ni el nombre de esa comunidad, era la primera campaña organizada en la que yo iba a predicar, fue una experiencia muy poderosa.

En mi libro "Mi experiencia con Dios" hablaré de esta campaña y de las maravillas que Dios hizo. Bueno, viajé, contacté al pastor, tal como Dios me dijo, se organizó la campaña, y cuando faltaban dos semanas, yo me propuse amanecer de rodillas por siete días buscando la dirección de Dios para esa campaña. En esos días, tuve muchas experiencias con Dios; una de ellas es la que te contaré, ya que, en esas horas de la madrugada, Dios abrió mis ojos y pude ver los planes de Satanás en mi contra. Realmente, la oración de madrugada te abrirá los ojos para que veas al enemigo de lejos.

Recuerdo que yo comenzaba a orar desde las once de la noche hasta las cinco de la madrugada, y notaba que siempre entre las cuatro y cinco y treinta era cuando mis ojos se abrían y tenía visiones. Uno de esos días, yo estaba orando y, a esa hora, vi claro cómo una joven se puso delante de mí, era como ver una pantalla, pude ver a la joven tan clara que le vi los ojos, el cabello, el rostro; sus ojos eran verdes, su pelo era rubio, era muy elegante. Cuando la vi, escuché audible esa voz que dijo: *"Vana es la gracia y engañosa la hermosura, la mujer que teme a Jehová esa será alabada"*. De pronto, abrí mis ojos y, por mi poca experiencia, dije: "Será que esta mujer será mi esposa y que la conoceré en la campaña".

Bueno, terminaron los siete días de oración y llegó el día de la campaña. Cuando llegué al lugar, ¿quién crees tú que fue la primera persona que vi? La misma joven; te tengo que ser honesto, al instante, quedé atraído por esa joven. Al finalizar la prédica, la joven se me acercó, comenzamos a hablar, seguimos hablando por días, comenzamos una pequeña amistad, hasta que un día, le pregunté a Dios acerca de esto y me dijo: "Vana es la gracia".

En ese momento entendí que Dios me estaba advirtiendo de que esa joven no era mi esposa, rápidamente, corté todo; luego, a través del pastor, supe que esta joven no era lo que parecía, tenía una vida dada al pecado, y podía ser un perfecto instrumento para destruir mi relación con Dios. Me alejé tanto, que han pasado más de veinte años y no he sabido nada de ella. Estoy seguro de que Satanás tendía una trampa para mí si hubiese comenzado una rrelación con ella. Una noche en oración de madrugada, Dios me advirtió sobre los planes de Satanás.

Hoy en día, al ver algunos hermanos que se han casado con la persona incorrecta y han perdido su propósito, alabo a Dios por mostrarme el plan del enemigo. Ahora, me doy cuenta de la importancia de casarse con la persona que Dios escoge para ti. Estoy tan bendecido con la esposa que Dios me eligió que, realmente, no sabría qué hubiese sido de mí si no hubiera tenido esa visión. Diana, para mí, es mi mejor amiga; realmente, no tengo palabras para agradecerle a mi Dios por la esposa que me dio, y cuento esta experiencia para animar a los jóvenes a que busquen a Dios de madrugada y Él le dará visiones de lo que deben hacer.

7. Satanás no podrá hacerte caer en tentaciones.

"Velad y orad, para que no entréis en tentación".

MATEO 26:41 (RVR1960)

Es el mejor consejo que puede dar la persona que nunca pecó: orar. La oración en Dios, el pasar tiempo en su presencia, nos ayudará a no ser vencidos por la tentación. Creo que no hay alguien más adecuado para decirnos esto que Jesús, Él nunca pecó. La Biblia dice:

"El cual no hizo pecado, ni se halló engaño en su boca".

1 PEDRO 2:22 (RVR1960)

¿Cómo es posible que Jesús, estando en un cuerpo humano lleno de debilidad, nunca pecara, aun cuando fue tentado en todo? Miremos cómo lo dice la Biblia:

"Porque no tenemos un sumo sacerdote que no pueda compadecerse de nuestras debilidades, sino uno que fue tentado en todo según nuestra semejanza, pero sin pecado".

HEBREOS 4:15 (RVR1960)

Mire bien lo que dice: *"tentado en todo, según nuestra semejanza"*; o sea, que lo que a mí me tienta, a Él lo tentó; la diferencia es que nunca pecó. Ahora, qué hizo Jesús para vivir fuera del control del pecado; la respuesta está en lo primero que leímos: "oración". Cuando vives una vida de oración, tu carne está bajo el control del Espíritu Santo y, por lo tanto, Satanás no puede hacerte caer.

8. Porque no serás dominado por la carne y sus pasiones.

Santiago dijo *"El que ora no peca y el que peca es porque no ora"*. Solo el que tiene vida de oración sabrá esta verdad. Cuando nosotros vivimos una vida de oración, descubrimos muchos beneficios: uno de ellos, el dominio propio que nos ayudará a sobreponernos a nuestros deseos y a no ceder a la tentación. Cuando tú hablas con alguien que ha pecado, descubrirás que toda su caída comenzó cuando dejó de orar, al descuidarse en la oración.

Si realmente quieres vivir una vida santa, rendida a Dios, tienes que saber que sin oración no será posible. Si lees la Biblia, descubrirás que uno de los secretos de todos los hombres y mujeres era la vida de oración.

> *"Mejor es el que tarda en airarse que el fuerte; y el que se enseñorea de su espíritu, que el que toma una ciudad"*.
>
> PROVERBIOS 16:32 (RVR1960)

Eso se llama dominio propio, y solo a través de una vida de oración podrás desarrollar dominio propio sobre ti.

9. Porque dejarás de estar afanado y confundido.

"Por nada estéis afanosos, sino sean conocidas vuestras peticiones delante de Dios en toda oración y ruego, con acción de gracias. Y la paz de Dios, que sobrepasa todo entendimiento, guardará vuestros corazones y vuestros pensamientos en Cristo Jesús".

FILIPENSES 4:6-7 (RVR1960)

Nunca he visto a alguien pasar horas orando y, al terminar, estar afanado o confundido; al contrario, el que ora siempre tiene una paz y seguridad en su vida. Está claro en estos versículos que nada debe afanarnos, sino que, en oración, sean conocidas nuestras peticiones. Siempre que oro mucho, una paz sobrenatural se apodera de mi espíritu y percibo que todo está bajo el control de Dios.

El orar de madrugada te quitará todo el afán del día, estarás bajo la paz de Dios; nada de lo que ocurra en el día te confundirá, sabrás que tu Dios tiene un plan para ti; vendrán problemas, tormentas, pero tú estarás tranquilo.

Mira la historia de Jesús: Él estaba durmiendo en la barca mientras esta se estaba hundiendo, los discípulos estaban turbados pensando que se ahogaban y Jesús descansando; ellos se le acercaron y lo despertaron *"Maestro, levántate que perecemos"*; Él se levantó y les dijo: *"¿Dónde está su fe?"*, reprendió la tormenta y una gran bonanza vino. La pregunta es: ¿cómo Jesús pudo dormir en medio de una tormenta? Se llama revelación. Él sabía que no vino a morir ahogado, sino en una cruz, Él tenía revelación de su mañana y cuando tú sabes para dónde vas, nunca te afligirán las tormentas del presente. Para mí es una de las demostraciones de fe más grande, dormir en medio de la tormenta. Eso solo sucede cuando sabes cuál es tu destino, y te aseguro que el orar de madrugada te dará revelación de tu destino. Por eso, te digo que el que ora nunca vive turbado ni afanado, pues le es revelado su destino.

Te animo a que te levantes todas las mañanas en busca de Dios. Medita y sigue este versículo:

"Me anticipé al alba, y clamé; esperé en tu palabra".

SALMOS 119:147 (RVR1960)

10. Porque dejarás de vivir sin propósito.

Vivir sin orar es vivir sin propósito. No hay gente más perdida en el tiempo que aquella que no ora.

La oración nos ayudará a conocer el propósito de Dios para nosotros. Solo cuando nos acercamos a Dios nos es revelado su plan, comenzamos a sincronizarnos con su voluntad. La única forma de poder saber lo que Dios tiene para nosotros es a través del Espíritu Santo. La Biblia dice:

"Antes bien, como está escrito: Cosas que ojo no vio, ni oído oyó, ni han subido en corazón de hombre, son las que Dios ha preparado para los que le aman.

Pero Dios nos las reveló a nosotros por el Espíritu; porque el Espíritu todo lo escudriña, aun lo profundo de Dios".

1 CORINTIOS 2:9-10 (RVR1960)

Una amistad con el Espíritu Santo será la clave para vivir en el propósito de Dios. Él nos revelará todo lo que el Padre quiere para nosotros. Ahora bien, nunca he visto a alguien tener amistad con el Espíritu Santo sin una vida de oración. Es imposible conocer a alguien con el cual no pases tiempo; la oración es la clave para pasar tiempo con la presencia de Dios. En la madrugada está la clave para esto, es un tiempo sin interrupción.

Te animo a que te levantes de mañana y busques a Dios, su Espíritu Santo te dará revelación de tu propósito. ¡Anímate! Tú puedes.

11. Porque no improvisarás.

"Encomienda a Jehová tus obras, Y tus pensamientos serán afirmados".

PROVERBIOS 16:3 (RVR 1960)

Algo que descubrirás al orar de madrugada es que no improvisarás, podrás discernir las cosas y tener la solución correcta. En este pasaje vemos que, al poner en oración nuestros proyectos ante Dios, Él afirmará nuestro pensamiento; es decir, no divagaremos en nuestras mentes sobre qué hacer, sino que tendremos firmeza y, por lo tanto, no improvisaremos, tendremos la revelación y dirección de Dios de cómo hacer las cosas.

Hoy en día, hay tanta gente improvisando, están como los antiguos, tirando suerte para ver dónde cae. Al orar de madrugada, el Espíritu Santo te dará la revelación de cómo hacer las cosas.

Recuerdo una ocasión en la que tuve un sueño donde yo oraba en una campaña por una mujer anciana, veía que era traída en silla de ruedas y vi cómo yo oraba por ella y se levantaba de la silla. Este sueño fue tan específico que pude ver todo lo que pasó; luego fui invitado a dar una campaña en la ciudad de Atlanta, en los Estados Unidos.

Recuerdo que, mientras oraba en el hotel, el Espíritu Santo me dijo: "Lo que viste en sueños, ocurrirá hoy". Rápidamente, llamé a uno de los hermanos que me ayudaban en el ministerio y le di instrucciones, le dije que cuando llegáramos a la campaña, buscara a una mujer en una silla de ruedas, que ella estaría allí.

Recuerdo que mi hijo, Ismael, me acompañaba en esa campaña, y algo que no les conté es que, en el sueño, Ismael estaba conmigo y él tomaba mi celular y grababa el milagro. Exactamente como lo vi en el sueño, así sucedió; incluso, pude ver este milagro en nuestro canal de YouTube. Gracia a Dios, Ismael lo grabó, tal como lo vi en el sueño. Es impresionante, todo salió como me fue mostrado, no improvisé, ya tenía la dirección de ese milagro.

Creo que el tiempo de improvisar en tu vida terminará hoy, en el nombre de Jesús. Al orar de madrugada, el Espíritu Santo te dará dirección, así que prepárate a vivir sin improvisar, sino bajo la dirección de Dios.

12. Porque es el mejor horario.

Uno de los secretos de orar de madrugada está en la disponibilidad del cuerpo. Tanto el cuerpo como la mente están descansados y frescos, capacitados fisiológicamente para ser ministrados y receptivos.

En ese horario, somos más efectivos en el mundo espiritual y, de esta manera, verás con más claridad las operaciones del diablo y podrás romper sus planes.

Un consejo que te doy: duerme bien y orarás bien. Si realmente quieres conocer los misterios de orar de madrugada, tienes que dormir lo más temprano posible. No dejes que el entretenimiento te distraiga y te robe el tiempo de dormir. Al acostarte tarde se te hará muy difícil disfrutar de los beneficios de la oración de madrugada, se hará muy pesado para tu cuerpo y no sentirás la presencia de Dios igual. Muchas veces me ha pasado, me he acostado tarde y cuando trato de levantarme de madrugada, es una lucha grande. Tú sabes, al ser pastor y evangelista, viajo mucho dando campaña y siempre las campañas terminan sobre las diez u once de la noche. Así que, cuando llego al Hotel, ya son las doce, ya es medianoche.

Lo que hacía antes era que me acostaba para levantarme temprano. ¡Dios mío! No podía levantarme con ánimo. Tenía, literalmente, que arrastrarme de la cama; pero, ahora, la idea es que ya no me acuesto, comienzo a orar desde las doce, a la medianoche, hasta cuando el Señor me ayude. Ahora, cuando estoy fuera de campaña, me acuesto temprano y me puedo levantar temprano. El dormir bien te dará fuerza, ánimo y vigor para estar de pie ante Dios de mañana.

Una cosa más: por favor, no comas tarde en las noches; eso también será obstáculo para levantarte en la mañana. Hay personas que se comen tres libras de carne de res a las once de la noche; y, luego, dicen: "el diablo me hizo la guerra para yo levantarme a orar". ¡No! El diablo no fue, fueron las tres libras de carne que se comieron antes de acostarse. Te aconsejo que trates de comer lo más sencillo que puedas y dormir lo más temprano que puedas; y notarás que te levantarás con mucho ánimo a orar en las madrugadas.

13. Porque tendrás pan fresco.

> *"Y Jehová dijo a Moisés: He aquí, yo os haré llover pan del cielo; y el pueblo saldrá, y recogerá diariamente la porción de un día, para que yo lo pruebe si anda en mi ley, o no".*
>
> ÉXODO 16:4 (RVR 1960)

Cuando Israel estaba en el desierto, Dios hacía muchos milagros extraordinarios; y uno de ellos era la forma sobrenatural en que Dios proveía para su pueblo; por ejemplo, el milagro del Maná, que caía cada mañana para alimentar al pueblo. Me imagino que ellos estaban impactados cuando vieron en la mañana caer maná del cielo. Nunca antes esto había ocurrido; ellos estaban acostumbrados a ver lluvia caer del cielo, pero ¡pan!, eso era nuevo, mirar como la provisión venía del cielo.

Una de las cosas que he visto en mi caminar con Dios es que Él tiene muchas formas de sostenernos, muchos métodos que son utilizados por Dios; pero todo viene de una misma fuente: el cielo.

14. Dependiendo de Dios en cada día.

Lo que me sorprende es que Dios les dice:

"Le daré la porción de un día, excepto los viernes, ese día se la daré doble para el sábado y estén en plena comunión".

¿Por qué no le da en un día la porción de toda una semana? La Escritura dice que Dios hizo esto para probar a Israel muchas veces. Dios nos da las cosas gradualmente para desarrollar en nosotros la dependencia en Él. El depender de Dios será clave en todo lo que hagamos en la tierra.

Yo recuerdo una ocasión en la que estaba predicando una campaña en la pequeña ciudad de Mao, en la región de El Cibao, República Dominicana. En esa campaña, vivimos cosas maravillosas de Dios, el último día de la campaña me vi obligado a viajar a San Pedro de Macorís, tenía que llevar unos equipos a una de nuestras estaciones de radio; el viaje tomaba cerca de cuatro horas, me levanté temprano, oramos, buscamos a Dios y nos fuimos.

Algunos hermanos del ministerio fueron conmigo, el plan era venir temprano; antes de la campaña, realmente, no quería ir; yo sé lo importante que es mantenerse en oración, en comunión en el día para predicar en la noche, pero no tenía otra oportunidad y la estación necesitaba esos equipos. Bueno, salimos hacia San Pedro de Macorís, llegamos e hicimos todo lo que teníamos que hacer, pero sin darme cuenta se nos hizo muy tarde. Cuando miré el reloj, dije: "¡Dios mío!" Esa tarde salimos tan rápido como pudimos, nos demoramos casi cinco horas, cuando llegamos eran ya las nueve de la noche. Ya me esperaban para predicar y yo no había orado en todo el día como normalmente hago. Apenas llegué al hotel, me cambié de ropa y salimos rápido para el estadio, ya eran la nueve y quince, más o menos.

Cuando entramos en el estadio, estaba lleno, miles de personas estaban paradas esperando la predicación. Llegué a la plataforma y ahí me di cuenta de que estaba en un grave problema: no tenía nada que dar, me sentía vacío; supe que, si era por mí, nada iba a suceder. En ese momento, descubrí el poder de la dependencia de Dios, dije en mi interior: "Espíritu Santo, no sé qué hacer ni decir". Mientras yo oraba, el pastor me llamó, tomé el micrófono, estaba cansado del viaje, no tenía fuerza para ministrar a tantas personas y, de pronto, parado frente a miles de personas, solo dije: "Espíritu Santo, por favor, ayúdame a ministrar". Eso fue todo, el poder de Dios cayó como un viento, docenas comenzaron a caer al piso; unos, siendo libres de demonios; otros, siendo sanados; paralíticos se levantaban de las sillas de ruedas, muletas eran dejadas.

¡Wow! Fue sorprendente, muchas almas vinieron a los pies de Cristo, en esa noche pasaron tres veces más cosas que en las dos noches anteriores y yo solo dije: "Espíritu Santo, ayúdame". Ese día, aprendí que Él no depende de mí, sino yo de Él. En ese día que yo no pude orar ni hacer nada de lo que normalmente hago en las campañas, me di cuenta de que no es lo que yo diga, sino lo que Él diga. A veces, Dios nos deja correr, afanarnos, hacer todo con nuestra fuerza y cuando nos cansamos, vemos que no podemos y le decimos: "Señor, sin ti, no puedo", es ahí donde Él dice:

"Estaba esperando eso, que te dieras cuenta de que, sin mí, nada puedes hacer".

15. Depender de Dios es garantizar el éxito.

El día que David censó al pueblo, Dios se airó y trajo mortandad. En ese día, David trató de depender de él y de su ejército, y no del Dios que le había dado las victorias. Esto fue un pecado muy grave para David. Tengamos cuidado, de no repetir ese pecado, porque podemos ver mortandad. Te aconsejo que siempre mires a Dios para todo, Él es la fuente de todo y sin Él nada podemos hacer.

Buscar a Dios de mañana es garantizar comida en el día para tu espíritu y también Él proveerá para tu cuerpo. Levantarse de mañana en búsqueda de Dios es decirle: *"Señor, mi día depende de ti, reconozco que necesito tu dirección, sé que no es mi fuerza, sino la tuya"*.

Dios te probará cada día. El texto dice: *"para que yo lo pruebe, a ver si obedecen mi ley; o sea, mi voluntad"*.

Ahora, es evidente que Dios hizo que el pueblo se levantara de mañana. Está claro que nuestro Dios está listo para darte su provisión en la mañana. ¡Anímate! Levántate mañana temprano y dile a tu Padre amado: "Señor, dame mi pan de mañana, dame la revelación, dame la dirección, dame la porción que preparaste para mí hoy. Jesús dijo en la oración del Padre Nuestro *"el pan nuestro de cada día dánoslo hoy"*, Dios sigue en la misma actitud de darnos la porción diaria, es tiempo de que busques tu alimento espiritual, deja de pasar hambre, Dios te espera cada mañana.

¡Anímate! Tu porción espera por ti.

16. Dios te visitará de mañana.

"¿Qué es el hombre, para que lo engrandezcas, y para que pongas sobre él tu corazón, y lo visites todas las mañanas, y todos los momentos lo pruebes?".

JOB 7:17-18 (RVR1960)

En estos versículos, vemos ricas enseñanzas que nos ayudarán a entender la importancia de buscar a Dios de mañana, analicemos estas palabras primero.

VISITAR EN HEBREO ES LA PALABRA 'PACAD'. ¿QUÉ SIGNIFICA?

PRIMERO, REUNIR O REUNIRSE.
¿Te imaginas que tengas audiencia con el Todopoderoso cada mañana? Que tú y yo, simples mortales, podamos hablar con Dios.

Unos de los beneficios que podemos ver en las reuniones entre personas es compartir planes para ponerse de acuerdo. En las reuniones se comparten ideas. Yo siempre tengo unas ideas que compartir con mi equipo y en esas reuniones les doy instrucciones de lo que vamos a hacer; ellos opinan y tienen participación en lo que estamos tratando. Cuando termina la reunión, ellos saben lo que tienen que hacer y lo que yo quiero hacer.

Job dice que Dios viene en la mañana a hacer reuniones con nosotros, que somos sus colaboradores de las cosas eternas, y es ahí donde Él te dará instrucciones de su voluntad, de lo que Él quiere hacer, te dará a conocer sus proyectos y sus planes.

Muchas veces, cuando oro de madrugada, Dios me revela lo que va a hacer en la noche. Recientemente, viví una experiencia en mi iglesia, fue un domingo: me levanté de mañana, muy temprano, a orar a favor del culto de ese día; mientras oraba, recuerdo que tuve una visión, era como un sueño, vi que hablaba de la rendición al Espíritu Santo y, de pronto, sentí el poder de Dios muy fuerte y vi una hermana de la iglesia que, cuando el poder de Dios me abrazó, ella cayó llorando al piso, tocada por el Espíritu Santo y, luego, toda la congregación era tocada por el poder del Espíritu Santo, muchos caían, otros se sanaban.

Cuando desperté del sueño, estaba temblando, sentía el poder del Espíritu Santo. Me levanté de las rodillas, me vestí y salí para la iglesia. Cuando llegué, había una hermosa atmósfera de adoración y la presencia de Dios se sentía. Recuerdo que empecé a predicar sobre estar disponible para Dios. Mientras predicaba, me fijé que la hermana que yo había visto en visión en la madrugada estaba exactamente donde la había visto y, al verla, me acordé de la visión, terminé de predicar y le dije a la congregación de una visión que había tenido en la mañana, miré a la hermana y le dije: "Yo vi en visión que el poder del Espíritu Santo venía sobre ti". ¡Gloria a Dios! Al instante, el poder de Dios cayó sobre esa hermana como un río, ella fue tomada por el Espíritu Santo de tal forma, que cayó doblegada ante la presencia de Dios.

Miré a la congregación y le dije: "Sobre ustedes yo vi que el poder del Espíritu Santo venía". Fue como un viento de aguas frescas, toda la congregación fue tomada por el Espíritu Santo, muchos caían al piso, del coro de la iglesia cayeron todos al suelo tocados por Dios, muchos ese día fueron sanados, salvos y llenos de la presencia de Dios, la gente no quería irse, estaban bajo la presencia de Dios. Y todo esto ocurrió por una reunión que tuve con Dios en la mañana y Él me dio las instrucciones de lo que había que hacer. ¡Cuántas maravillas veríamos si los que ministramos nos reuniéramos con Dios de madrugada!

"¡Anímate!, Él quiere darte instrucciones, levántate de mañana, Él te espera".

SEGUNDO, SUPERVISAR.
Según el diccionario, el significado más cercano de supervisar, primero es *vigilar*, es cuando Dios viene a observarnos, somos mirados por Dios; segundo, *dirigir* la legalización de una actividad; en pocas palabras, cuando Dios nos visita en la madrugada, una de las cosas que hará es mirar cómo estamos espiritualmente y corregirnos, ayudarnos, proveernos de lo necesario para hacer su propósito, autorizarnos para hacer ciertas cosas en su nombre.

Muchas veces, tenemos el poder, pero no la autorización; cuando buscamos a Dios de madrugada, Él puede dirigirnos a hacer algo específico con su autorización. Recuerdo que hace años, mi esposa y yo estábamos buscando casa por fe, no teníamos ni el dinero ni el crédito para que un banco nos prestara el dinero. Nos cansamos de tocar puertas y nada pasó, pero una madrugada, mientras yo oraba, Dios me visitó tan real que se podía sentir su presencia tangible, y después de estar unas horas con Dios, de pronto, sentí que esa manifestación tangible se estaba levantando; le dije a Dios:

Señor.

Dime — me dijo Él.

Señor, ¿te puedo pedir algo? — Le pregunté, y sentía como Él hablaba a mi espíritu.

¿Qué quieres? — Me dijo.

Señor, tengo años casado con mi esposa, ya tenemos tres hijos y aún no tengo casa. ¿Me puedes dar una?

Te daré una casa grande y nueva — me dijo—, sal afuera y busca la casa que te guste, que sea nueva.

Me autorizó. Yo salí corriendo, sin dinero, sin crédito, pero con una palabra de Dios. Encontré la casa, a mi esposa le encantó, aplicamos en el banco y, sorprendentemente, días después, el banco, que nunca nos había calificado, nos calificó para el préstamo. Hace más de diez años que estamos viviendo en nuestra casa. Dios ha sido fiel, nunca nos hemos atrasado con el pago de nuestra casa y sé que pronto será saldada.

> *"¡Anímate! Busca de madrugada la supervisión de Dios para tu vida".*

TERCERO, DEPOSITAR.

Job nos está diciendo que, en la búsqueda de Dios de madrugada, Él depositará en nosotros. Ahora, ¿qué depositará? Todo aquello que necesitemos para el día a día. Es decir, que, como Israel en el desierto, tendremos pan fresco y alimento espiritual. Una de las cosas que he visto en esta generación es que quieren impartir lo que ellos mismos no han recibido. Tú jamás podrás dar lo que tú no tienes; si lees la historia del milagro de la multiplicación del aceite, de la viuda a quien Eliseo le mandó a que se encerrara en su casa, notarás que ese milagro comenzó con una vasija llena; de esa forma Dios multiplicaba el aceite que ya había en una vasija llena. El orar de madrugada te ayudará a llenarte de los recursos de Dios que, luego, serán usados para llenar a otros.

Recuerdo en una ocasión que estaba ministrando en una campaña en la ciudad de New York. La primera noche prediqué, muchas personas fueron salvas y sanas, pero, a pesar de eso, yo sentía que algo faltaba; al llegar al hotel, dije: "estuvo bueno, pero faltó algo". Al día siguiente, tenía que ministrar en una conferencia para pastores; recuerdo que dije dentro de mí: "no puedo ir mañana a predicarle a los pastores sin su Presencia, tengo que llenarme". Le dije a mi cuerpo: "lo siento, pero no dormirás hasta que no sienta que estoy cargado para mañana".

Empecé a orar desde la medianoche hasta las seis de la mañana, batallé con el sueño, pero lo pude lograr. Gracias al Espíritu Santo, cuando me levanté de las rodillas, sentí que Dios había depositado, no solo los recursos para ministrar, sino que sentía una fresca unción recorriendo todo mi cuerpo. Cuando llegué al lugar de la conferencia, estaba lleno de hermosos pastores hambrientos de Dios. Apenas abrí la boca, la presencia de Dios cayó en ese lugar de tal forma, que muchos pastores caían al suelo tocados por Dios, otros lloraban, fue un tiempo sobrenatural.

¡Anímate! Busca tu depósito del cielo, ya cánsate de vivir sin el depósito de Dios. Tú puedes y es por eso que este libro llegó a tus manos, es la forma de Dios de decirte:

"Te espero esta madrugada para llenarte de una fresca unción".

CAPÍTULO 9

ÉL DEBE SER PRIMERO

"Me anticipé al alba, y clamé; Esperé en tu palabra".

SALMOS 119:147 (RVR1960)

Quiero comenzar este capítulo preguntándote: Cuando te levantas por la mañana, ¿qué es lo primero que haces? ¿Beber café? ¿Mirar tus redes? ¿Desayunar? ¿Correr para el trabajo? ¿Correr a la escuela? Si es así, Dios no es el primero en tu vida.

Mi deber es orar antes de ver a ninguna persona. Cristo se levantaba antes de que amaneciera e iba a un lugar solitario:

"Levantándose muy de mañana, siendo aún muy oscuro, salió y se fue a un lugar desierto, y allí oraba".

MARCOS 1:35 (RVR 1960)

EL REY DAVID

Uno de los secretos del Rey David consistía en que Dios era el primero en su vida. David era un hombre que buscaba a Dios de mañana. Él decía:

> *"Dios, Dios mío eres tú; De madrugada te buscaré;"*
> SALMOS 63:1 (RVR 1960)

> *"Oh Jehová, de mañana oirás mi voz; De mañana me presentaré delante de ti, y esperaré".*
> SALMOS 5:3 (RVR 1960)

> *"Más yo a ti he clamado, oh Jehová, Y de mañana mi oración se presentará delante de ti".*
> SALMOS 88:13(RVR 1960)

Está más que demostrado a través de estos versículos lo apasionado que era el Rey David con la presencia de Dios. Para él, lo primero de cada día era estar con Dios, aún antes de que el sol saliera.

> *"Me anticipé al alba, y clamé; Esperé en tu palabra".*
> SALMOS 119:147 (RVR 1960

Creo que es mucho mejor comenzar el día con Dios que sin Él, buscar su rostro, poner nuestra alma cerca de Él antes de que el sol salga.

Los hombres que han conquistado la presencia de Dios son los que han estado desde temprano sobre sus rodillas.

El que desperdicia lo mejor de la mañana, su oportunidad y frescura, en otras ocupaciones y no en buscar a Dios, hará pocos progresos para acercarse a Él en el resto del día. Si Dios no ocupa el primer lugar en nuestros esfuerzos y pensamientos por la mañana, ocupará el último lugar en lo restante del día.

Detrás de este levantarse temprano para orar, se encuentra el deseo ardiente que nos impulsa a comunicarnos con Dios. El descuido demostrado por la mañana es indicio de un corazón indiferente, frío, alejado de Dios.

El corazón que se retrasa para buscar a Dios por la mañana ha perdido su pasión por la presencia de Dios; por lo tanto, sus días serán tan secos como un desierto, no tendrá hambre por Dios. David tenía hambre y sed de Dios y, por esto, lo buscaba temprano, antes del alba. El lecho y el sueño no encadenaban su alma en su afán de buscar a Dios.

UN DESEO ARDIENTE

Cristo ansiaba la comunión con el Padre, y, por eso, antes de que amaneciera, se iba al monte a orar. Los discípulos, cuando despertaban avergonzados por su negligencia, sabían dónde encontrarlo. Si recorremos los nombres de los que han conmovido al mundo con el poder de Dios, encontramos que buscaron a Dios muy de mañana.

El pastor Ezequías García dijo esto: *"Un deseo por Dios que no pueda romper las cadenas del sueño, es algo débil que hará poco que realmente valga para Dios"*.

No es simplemente el levantarse temprano lo que pone a los hombres al frente y los hace generales en jefe de las huestes de Dios, sino el deseo ardiente que agita y rompe las cadenas de la condescendencia consigo mismo. El saltar temprano del lecho, da salida, aumento y fuerza al deseo; de otra manera, este se apaga. El deseo los despierta, y esta atención por Dios, este cuidado de apresurarse a su llamada, hace que la fe se afiance en Dios y que el corazón obtenga la más dulce y completa revelación.

Necesitamos una generación de predicadores que busquen a Dios de mañana, que den a Dios la frescura y el rocío de su esfuerzo para que tengan en recompensa la abundancia de su poder que les dará gozo y fortaleza en medio del calor y el trabajo del día. Nuestra pereza en los asuntos de Dios es el pecado del que adolecemos. Los hijos de este mundo son más sabios que nosotros. Están en sus negocios desde que amanece hasta que anochece. Nosotros no buscamos a Dios con ardor y diligencia.

Ningún hombre ni alma se afianza en Dios si no lo sigue con tesón desde las primeras horas del día.

LAS PRIMERAS NOTICIAS DEL CIELO

El que ora de madrugada será el primero en tener noticias del cielo. Los primeros en el pueblo en recibir la noticia del nacimiento de Jesús fueron los pastores que velaban y esperaban en las vigilias. Veamos el siguiente pasaje:

"Había pastores en la misma región, que velaban y guardaban las vigilias de la noche sobre su rebaño".

LUCAS 2:8 (RVR 1960)

La lectura de este texto de la palabra de Dios me llamó mucho la atención. La palabra *"Había pastores en la misma región"*, en la región en donde había nacido el Mesías había pastores que esperaban en las vigilias de la noche. Esto incluía cuatro vigilias: la primera vigilia era desde las seis a las nueve de la noche, y la segunda vigilia era desde las nueve de la noche hasta las doce a la medianoche. Luego, la tercera vigilia era desde las doce hasta las tres de la madrugada, y la cuarta vigilia era desde las tres a las seis de la mañana.

No se sabe en cuál de estas cuatro vigilias nació el Señor, pero lo sorprendente de esto fue que el ángel del Señor se les apareció a unos pastores en la noche o en la madrugada y juntamente con el ángel también apareció la gloria del Señor y los rodeó de resplandor. A esos pastores que guardaban las vigilias de noche fue que se les dio el anuncio del nacimiento del Salvador, a esos pastores de ovejas se les anunció que el Cordero de Dios había nacido en un pesebre, los que velaban en las noches y en las madrugadas fueron los que recibieron las buenas nuevas del Señor. **Lucas 2:9-11.**

Aunque la gran mayoría del pueblo reunido en Belén de Judea estaba dormido, allí en aquella región había pastores que velaban y aguardaban en las vigilias de la noche o en la madrugada, y a estos pastores se les dio la noticia del nacimiento del Salvador, **(Lucas 2:8-18)**. Los que esperaban en las madrugadas eran ellos, los que primero recibieron las buenas nuevas de Dios. Esto nos da una gran enseñanza sobre el esperar en las vigilias de la noche. Solo aquellos que velan y aguardan en las vigilias participan de las revelaciones de Dios en las madrugadas.

El que busca a Dios de madrugada será honrado por Dios en el día.

> *"Yo amo a los que me aman, Y me hallan los que temprano me buscan".*
>
> PROVERBIOS 8:17 (RVR1960)

¡Qué tremenda la declaración de este proverbio! Cómo se nos da a conocer de cómo Dios ama a los que le aman y cómo es encontrado por los que temprano le buscan.

Es impresionante, pero si tú lees la Escritura del Génesis hasta el Apocalipsis, te vas a encontrar que la oración de madrugada es uno de los horarios más poderosos para tener una relación con Dios y una profunda intimidad con la presencia de Dios. Todo hombre y mujer que yo conozco que caminan en lo sobrenatural, pasan horas buscando a Dios de madrugada y todos me han confirmado que nunca serían lo que hoy son si no hubiesen buscado a Dios de madrugada. Ellos dicen que su relación con Dios se hizo muy fuerte desde que comenzaron a encontrarse con Dios en la mañana.

Algo que me atrae la atención de este versículo es que no clasifica para quién es este privilegio, si es para predicadores, pastores o profetas. No, dice para el que lo busque de mañana, o sea, para cualquiera que quiera estar en su presencia. Ahora, es para ti, es para mí. Dios no tiene acepción de persona:

"Entonces Pedro, abriendo la boca, dijo: En verdad comprendo que Dios no hace acepción de personas".

HECHOS 10:34 (RVR 1960)

"porque no hay acepción de personas para con Dios".

ROMANOS 2:11 (RVR 1960)

"Dios no hace acepción de personas".

GÁLATAS 2:6 (RVR 1960)

"Y vosotros, amos, haced con ellos lo mismo, dejando las amenazas, sabiendo que el Señor de ellos y vuestro está en los cielos, y que para él no hay acepción de personas".

EFESIOS 6:9 (RVR1960)

Con estos versículos, quiero dejar bien claro en tu mente que Dios no hace acepción de personas, que, si Él lo ha hecho con otros, lo puede hacer contigo. Él anhela que le busques de mañana.

Ahora, en Proverbios, vemos algo muy específico: En el versículo cuando dice *"sólo me hallan los que temprano me buscan"*, o sea, de madrugada, es evidente ver que todo el que buscó a Dios de madrugada lo encontró, teniendo una viva visitación de Dios. Ahora, jamás limitaremos a Dios a un horario, Él es soberano, pero, por experiencia propia, les puedo decir que entre la medianoche y las seis de la mañana es un horario muy poderoso, es un horario donde el ambiente espiritual está expuesto en el mundo físico donde cosas sobrenaturales suceden.

CUANDO EL ALMA BUSCA A DIOS DE NOCHE EL ESPÍRITU LO BUSCA DE MADRUGADA

"Con mi alma te he deseado en la noche, y en tanto que me dure el espíritu dentro de mí, madrugaré a buscarte; porque luego que hay juicios tuyos en la tierra, los moradores del mundo aprenden justicia".

ISAÍAS 26:9 (RVR 1960)

En este cántico del profeta Isaías, él nos revela algo que considero de suma importancia para sacar más luz sobre el tema que estamos comentando sobre la oración en las madrugadas: *"Con mi alma te he deseado en la noche"*. Lo que Isaías nos está mostrando en este texto es el deseo que su alma tenía de una relación profunda con el Señor.

Cuando los hombres y las mujeres de Dios alimentan sus almas con la presencia de Dios y en sus oraciones no perciben la presencia del Señor, es, entonces, cuando el alma siente el vacío que solo la presencia de Dios llena.

Isaías había pasado las primeras horas de la noche deseando la presencia de Dios en su vida, pero no había conseguido conectar su alma con la presencia, ni aun con los cánticos y las oraciones que él elevaba en el tiempo de adoración que el profeta había dedicado a Dios; pero el profeta de Dios, nos dice en la segunda parte de este verso lo siguiente: *"y en tanto que me dure el espíritu dentro de mí, madrugaré a buscarte"*.

Isaías, en su canto, le está diciendo a su creador: *"lo que mi alma deseó en la noche y no lo consiguió, en tanto que me dure el espíritu dentro de mí* **madrugaré a buscarlo***"*. Lo que el profeta está cantando en su cántico es lo siguiente: *"Lo que mi alma con el deseo no pudo lograr, yo con mi oración de madrugada en el espíritu lo lograré en el nombre del Señor. Mientras el espíritu esté dentro de mí en las madrugadas, te buscaré para alcanzar el entrar en tu presencia"*.

El orar durante la madrugada nos permite el no tener ninguna interrupción en nuestras oraciones, esto nos permite dejar de lado nuestras situaciones y necesidades personales para conseguir una total entrega en nuestra relación íntima con el Señor. Cuando logramos esa relación de intimidad con nuestro Señor, es cuando nosotros realmente encontramos la llave que abre la puerta de los secretos de Dios. Todos los nombres que son mencionados en el capítulo 11 de los Hebreos son llamados héroes de la fe, porque fueron hombres que se entregaron en oración al Señor para vencer todas las situaciones que tuvieron que enfrentar. El mejor ejemplo que la Biblia nos da sobre orar solos en las madrugadas es de nuestro Señor Jesucristo:

"Despedida la multitud, subió al monte a orar aparte; y cuando llegó la noche, estaba allí solo".

MATEO 14:23 (RVR 1960)

Nuestro Señor subió solo al monte a orar y allí estuvo solo durante la noche y la madrugada orando al Padre por aquellos que el Padre le había dado en su oración de madrugada. Vio la fatiga de sus discípulos.

"Y viéndoles remar con gran fatiga, porque el viento les era contrario, cerca de la cuarta vigilia de la noche vino a ellos andando sobre el mar, y quería adelantárseles".

MARCOS 6:48 (RVR 1960)

Quiero mencionar tres hombres de Dios que fueron gigantes de la fe, que impactaron mi vida y en ellos pude ver el poder de Dios de cerca. Uno de ellos ya está en la presencia de Dios, los otros dos viven:

EL PROFETA FRAN MARTÍNEZ

Cuando conocí a este hombre de Dios, fui impactado al ver cómo Dios le hablaba de las personas a tal punto que le decía todo de su vida, hasta su nombre. Era temible estar en la presencia de ese hombre, nada se escondía de él, Dios le revelaba todo. Caminando con este hombre de Dios, yo vi cosas sobrenaturales, cuando él predicaba, el lugar se estremecía.

En mi caminar con él aprendí mucho, me convertí en un siervo para él: le planchaba la ropa, limpiaba sus zapatos, hacía todos los mandados del profeta. El yo servirle, me ayudó a estar cerca de él y conocer su secreto. Dormía en la misma habitación donde el hombre de Dios estaba, siempre observándolo y algo que vi es que siempre oraba de once de la noche a las cinco de la madrugada todos los días. Ahí aprendí a orar de madrugada, él me decía: "Si oras en estas horas, tus ojos se abrirán"; y, realmente, tenía razón.

Yo agradezco a Dios por la vida de este profeta, casi nadie lo conoce, pero Dios y yo sí; y gracias a él, Dios me enseñó a orar de madrugada. Este hombre era tan profundo que a veces me decía todo lo que iba a pasar en la noche. ¡Wow! Nunca falló como profeta.

YIYE ÁVILA

Nunca le conocí personalmente, solo por televisión y en las campañas, pero sus prédicas y sus testimonios despertaron un gran hambre en mí de buscar a Dios. Supe que, si quería ser usado por Dios, tenía que buscarlo de madrugada. Hoy recuerdo algunas de sus prédicas y me río de gozo, hasta hoy siempre veo sus mensajes y algo que él decía que en ese tiempo nunca lo entendí, que el que no ora de madrugada no se irá en el rapto. ¡Ja Ja Ja!, para muchos esto es una exageración, pero lo que creo entender es que este gigante de la fe nos quería dejar saber lo importante e imprescindible que es la oración de madrugada.

El ministerio de este hombre de Dios ha sido hasta ahora uno de los que más almas ganó para Cristo en el área hispana. En sus campañas, los milagros eran sobrenaturales, miles eran sanados, ciegos recuperaban la vista, los paralíticos salían de las sillas de ruedas, las personas con sobrepeso rebajaban al instante. Un pastor me dijo que una vez, él estaba en una de sus campañas y subieron a una mujer en extremo obesa, enferma por causa de este sobrepeso; Yiye Ávila le puso la mano y, dice el pastor, que a la hermana se le cayó la falda de tanto que rebajó.

Hay tantos miles de testimonios de lo que Dios hizo con este hombre de Dios, que realmente no hay páginas para escribirlo. Ahora, cuando buscamos sus secretos, uno de ellos era la oración de madrugada. Él mismo decía que desde la cuatro de la madrugada estaba de rodillas ante Dios. Siempre fue un hombre de buscar a Dios de madrugada hasta el día que Jesús le llevó a la gloria.

PASTOR CARLOS VICENTE BARRANCO

A él lo dejo de último porque, hasta hoy, sigue siendo de inspiración para mí, y quiero exponer en sus propias palabras parte de sus experiencias con Dios orando de madrugada. Antes, les confieso que este hombre de Dios fue el primero que yo vi señalar a seis personas paralíticas desde la plataforma y, a distancia, mientras él les señalaba con su mano, todos se iban levantando. Fue una noche inolvidable, presencié en vivo milagros que jamás había visto.

Recuerdo que, en una de sus campañas, yo apenas tenía dieciséis años, y esa noche, mientras él predicaba, yo miré a una mujer en una silla de ruedas que estaba a mi lado, sus piernas eran muy delgadas, tanto que parecían del grueso de sus brazos, se notaba que llevaba años en silla de ruedas y, de pronto, el varón de Dios la señaló y le dijo: *"levántate en el nombre de Jesús"*. Yo vi cómo sus piernas se enderezaban, esa mujer caminó normal, totalmente sana. Yo no lo podía creer, jamás volví a ser el mismo. Desde ese día, me convertí como en su sombra, le acompañaba en casi todas sus campañas, siempre le preguntaba cuál era el secreto y él con tanta paciencia me decía que "ser bueno". Les hablo del Pastor Carlos Vicente Barranco, aquí les dejo sus propias palabras:

"Para mí, para orar, la madrugada es el tiempo en que con más facilidad yo puedo recibir las visiones y revelaciones del Señor. En diferentes ocasiones, fui llamado por el Espíritu de Dios a quedarme orando en las madrugadas para hablarme o revelarme las cosas grandes y profundas del Señor **(Jeremías 33:3)**. Siempre me inquietó este verso de la Biblia, y siempre me hacía la pregunta de cuáles son las cosas grandes y profundas de Dios. A medida que fui entrando en la oración de madrugada, las fui conociendo.

En una ocasión, hace muchos años, en mis inicios ministeriales como evangelista en el año 1973, en una madrugada, mientras oraba, el Señor me mostró en una visión donde un ángel me dijo: te va a llegar un aviso de correo para que busques una carta certificada que te enviaron desde Puerto Rico; en esa carta, hay un pasaje que te enviaron para que vayas a la Isla, allí yo te voy a usar y haré algo contigo que no olvidarás. Luego de recibir esta revelación, llegó a mi hogar un aviso de correo para pasar a retirar una carta certificada que me había llegado. Cuando llegué al correo me pidieron la cédula de identidad personal y me hicieron entrega de la carta certificada; cuando la abrí, allí estaba el boleto del vuelo para viajar a Puerto Rico, lo llevé para una agencia de viajes y confirmé mi vuelo para San Juan, Puerto Rico.

Yo no tenía pasaporte, ni tampoco visa norteamericana para viajar, por lo que comencé a hacer las diligencias para sacar mi pasaporte y mi visa. Todo, gracias al Señor, se me concedió y pude viajar a la hermana Isla de Puerto Rico.

Este viaje misionero fue mi primer viaje fuera del país. Cuando llegué al Aeropuerto de las Américas, en Santo Domingo, en la puerta me encontré con un hermano con su Biblia en las manos, quien me preguntó que para dónde yo viajaba; le respondí que iba a Puerto Rico y él volvió a preguntarme, pero ¿usted sabe a qué lugar de la isla debe ir?, a lo que le respondí: "no, mi hermano, no sé aún a donde voy ni si nadie va a buscarme al aeropuerto, tomaré un taxi e iré a visitar a mi abuela que vive en Fajardo hasta que el Señor me diga cuál es mi misión".

El hermano me respondió: "Yo soy el hombre que viene desde Puerto Rico a recogerlo. El Señor me dijo en una revelación que le enviara el pasaje a un evangelista llamado Carlos Barranco, en Bonao, que Él traería un avivamiento en mi iglesia a través de ese evangelista y, por algunos años, he estado orando al Señor para que traiga un gran avivamiento en nuestra iglesia y en el pueblo. Venga conmigo para que el Señor cumpla lo que me prometió". Yo no salía de mi asombro al ver cómo el Señor estaba obrando: un pastor de otro país, alguien que yo no conocía, Dios le habla de mí, le da mi nombre, me envía el pasaje y le dice que me vaya a buscar al aeropuerto de Santo Domingo. **(Hechos 9:12)**.

Cuando llegamos al aeropuerto, alguien de la iglesia del pastor había ido a buscarnos para llevarnos al pueblo en donde el pastor tenía su congregación. Él me hospedó en la misma iglesia en donde pastoreaba. Al llegar allí, lo primero que ubiqué fue en dónde me podía postrar a orar y darle las gracias al Señor por la forma maravillosa en la que Él había obrado ¡Santo Aleluya! Glorias sean dadas al Señor.

Mi participación en el mensaje de la palabra y la ministración en la iglesia trajeron un impacto de Dios sobre aquel lugar, renovando vidas de tal forma, que aquella congregación dejó de ser una congregación desanimada y sin propósito para convertirse en una iglesia de poder y de fuego.

Recuerdo una experiencia que tuve con el Señor en las madrugadas: Estuve en un pueblo llamado Yauco, en Puerto Rico; pasé allí dos semanas, visité algunas de las iglesias del pueblo y, en cada una de estas iglesias, Dios causó un impacto de poder. En Yauco, le pedí al pastor que me había llevado allí, después de orarle al Señor, que me ayudara a ir a Fajardo, donde vivía mi abuela, porque estaba sintiendo una gran inquietud de ir allá.

Cuando llegué a la casa de mi abuela, ella me recibió con mucho gozo, le prediqué el evangelio y ella se convirtió al Señor. Allí entré en una oración profunda con el Señor, de tal manera que cuando me di cuenta ya eran las tres de la mañana, pero seguí mi oración y no dormí durante toda la noche. Cuando salió el sol, a las siete de la mañana, me puse de pie después de haber pasado doce horas de oración, fui al baño, me acosté para descansar el cuerpo y me levanté al medio día para almorzar; volví a orar en horas de la tarde y así estuve tres días en esa oración.

Esto era nuevo para mí, pues, todavía no había orado por tanto tiempo durante tres días. Dios me estaba enseñando cómo entrar en sus secretos, allí, en aquella habitación, estábamos solamente el Señor y yo, pero en ningún momento me sentía solo, tenía la presencia continua del poder de Dios sobre mi vida, era como estar conduciendo sobre mis hombros un peso de gloria.

Al amanecer del tercer día, aproximadamente a las cinco de la mañana, entró un resplandor a la habitación en donde yo estaba y me rodeó un rayo de luz que descendía del cielo y, en medio del rayo de luz, apareció la imagen del Señor que me decía: *"Vine a ungirte y a darte fortaleza para que realices mi obra"*.

Vino con un hisopo en su diestra lleno de aceite y comenzó a ungir mi cuerpo y me dijo: *"Esta es la primera unción con la que te ungiré"*. Según Él pasaba el hisopo por mi cuerpo, comenzaba a entrar en todo mi cuerpo un frescor poderoso, esto era como comenzar a flotar en el aire, yo sentía que el aceite con el que estaba siendo ungido iba penetrando por mis poros y que iba limpiando y renovando mi cuerpo.

Luego, me tomó de la mano derecha y me dijo: *"He puesto algo grande en tu mano"*. Ahí mi abuela se despertó y me dijo: "entró en mi casa un relámpago que esta iluminando todo el lugar", a lo que le respondí: *"Ponte de rodillas a orar que el Señor está visitando tu casa"*; entonces, ella pegó un grito de alabanza y cayó de rodillas gritando: *"Gloria, gloria a Dios"*. Esto era una bendición tremenda para ella, el Señor estaba en su hogar.

A partir de estas tres vigilias consecutivas en oración, mi vida fue transformada y fue cambiado mi ministerio. Esto me permitió aprender a moverme en el Espíritu de Dios, moverme en el fuego de Dios **(Hechos 2:3)**, en el mover del viento de Dios **(Juan 3:8)**, **(Hechos 2:2)**, en el mover del agua de Dios **(Juan 7:38)**, y bajo la nube del poder de Dios.

Como cristiano, en ocasiones me quedo sin palabras escuchando a algunas personas hablando sin ningún conocimiento espiritual de estas cosas, cosas que solo están en sus mentes porque no han entrado en los secretos de Dios. Los hombres y mujeres que en las madrugadas entran en los secretos de Dios son los que tienen el conocimiento de los secretos de Dios, porque *"¿quién estuvo en el secreto de Jehová, y vio, y oyó su palabra? ¿Quién estuvo atento a su palabra, y la oyó?"* **(Jeremías 23:18).**

Otra experiencia que viví con el Señor orando de madrugada fue en Puerto Rico, el tercer día en la madrugada, después que el Señor me ungió con aceite y un hisopo, me dijo lo siguiente: A dos esquinas de la casa de tu abuela, hay una iglesia que hace tiempo está orando por un avivamiento, ve y llévales ese avivamiento que ellos están pidiendo, te identificarás delante de ellos de la siguiente forma: cuando te pregunten por tu tarjeta de membresía, le dirás que tu membresía está en el cielo y la firman el Padre, el Hijo y el Espíritu Santo y que, si ellos tienen visión, la verán. Si te preguntan que cuál es tu iglesia, les dirás: *"Mi techo es el cielo, y mi púlpito toda la tierra"*. Ese tercer día era sábado, y el Señor me dijo que la iglesia a la que Él me enviaba tenía culto el día siguiente, Domingo, a la dos de la tarde.

Lo maravilloso de esto es que fue en la madrugada que el Señor me habló y que era la segunda vez que el Señor me enviaba a llevar un avivamiento a una iglesia; por lo que me puse a pensar por qué el Señor me había enviado a mí, en Puerto Rico había muchos hombres y mujeres de Dios, pero fue a mí a quien el Señor envió para llevar ese gran avivamiento a esa congregación.

Al día siguiente, domingo, llegué a las dos de la tarde a la iglesia, ya se había congregado un buen grupo, me senté en la última silla en la parte de atrás, tenía mi Biblia en la mano derecha. No me puse ninguna corbata y me mantuve en oración esperando lo que el Señor iba a hacer. Vi que el pastor me estaba observando desde su asiento en la plataforma, hasta que él se puso de pie y caminó en mi dirección para saludarme y darme la bienvenida a la iglesia. Me preguntó si yo era cristiano, a lo que le respondí afirmativamente, después me preguntó que cuál era el nombre de la iglesia a la cual yo pertenecía, y le respondí según el Señor me dijo: "Mi techo es el cielo y mi púlpito toda la tierra". Luego me preguntó por mi tarjeta de membresía y le di la respuesta que el Señor me había dado.

Después de esto, se apartó de mí y subió nuevamente a la plataforma, ya había concluido el devocional de la iglesia. Él tomó el micrófono y dijo: "Hoy nos visita un hombre que dice que es cristiano, trajo su Biblia, le pregunté por el nombre de su congregación y me respondió diciendo que su techo era el cielo y que su púlpito era toda la tierra, luego le pregunté si tenía su tarjeta de miembro a lo que me respondió que su tarjeta la firmaban el Padre, el Hijo y el Espíritu Santo. Este hombre es un hombre extraño, pero vamos a darle la oportunidad de saludar, y me invitó a ir ante el púlpito y cuando me puse de pie para ir al frente, sentí que todo mi cuerpo se iba transformado y cayó sobre mí una unción tan grande, que por un momento pensé que iba a salir volando sobre aquel lugar.

Cuando comencé a caminar, según iba pasando por las líneas de sillas, el poder de Dios se iba derramando sobre todos los que estaban sentados. Cuando llegué a la tercera línea de sillas, miré a mi derecha a un anciano que se estaba apretando el vientre por un fuerte dolor que tenía, y escuché la voz del Señor cuando me dijo: *"Dile que vomite esa úlcera que tiene"*, y cuando le dije a aquel anciano que vomitara esas úlceras, él se puso de pie y la vomitó.

¡Aleluya! Gloria al Señor. Seguí, según el poder del Espíritu Santo me movía y según me movía así se movía el poder.

Cuando llegué al púlpito, miré al que estaba tocando la guitarra en la iglesia y el Espíritu de Dios abrió mi boca y le dijo a ese joven: *"Ya no vas a seguir engañando al pastor y a la iglesia, usando drogas y después subiéndote a la plataforma para tocar"*. Cuando lo reprendí en el nombre del Señor, la guitarra se le cayó de las manos, sus manos se ataron una con la otra y el ángel del Señor lo tomó y lo tiró contra la pared del templo. Después de esto, cuando el fuego del Espíritu Santo se aplacó un poco, entonces, bendije a la congregación en el nombre del Señor y le entregué el micrófono al pastor. Cuando el pastor tomó el micrófono en sus manos, le dijo a la congregación: *"¿Ustedes recuerdan el mes pasado cuando yo les conté que había tenido una revelación con el Señor en donde me decía que iba a enviar a un siervo de Él para que trajera un gran avivamiento a esta congregación?"*. Entonces, él se dirigió a mí para pedirme que le diera una campaña, a lo que le respondí: *"el Señor me dijo que solo le ministrara en el día hoy, que el Señor les bendiga y conserven lo que Dios manifestó entre ustedes el día de hoy"*.

Podríamos hablar de muchas otras experiencias espirituales durante mis horas de oración en las madrugadas, porque fueron muchas, y en cada mañana se me eran reveladas muchas cosas que yo vería durante el transcurso del día a día. Dios, con anterioridad, me mostraba las cosas que yo iba a ver antes de que estas ocurrieran; por lo que puedo decir que todo aquel que ora durante las madrugadas se antepone a las cosas que van a acontecer durante el día o durante las semanas siguientes.

> "La persona que ora por las madrugadas se convierte en un Atalaya del Señor, en alguien que busca muy de mañana el estar en la presencia de Dios intercediendo por todo el pueblo redimido del Señor".
>
> PASTOR CARLOS BARRANCO

Espero que estas experiencias del Pastor Carlos Barranco te animen a buscar las tuyas, las que el Señor ha preparado para ti. Cree que es tu tiempo de encontrarte con Dios; este libro no llegó a tus manos por coincidencia, el Espíritu Santo lo puso en tus manos dándote a entender que es tiempo de estar en su presencia de mañana. Pienso que un nuevo tiempo de gloria ha llegado para ti. Dios quiere profundizar tu relación con Él, una relación que te llevará a experimentar una unción fresca, una palabra fresca donde tendrás revelaciones.

¡Levántate! Es tiempo de que tus ojos y oídos espirituales se abran y puedas ver todo lo que el Padre tiene para ti. La Biblia dice:

> "Clama a mí, y yo te responderé, y te enseñaré cosas grandes y ocultas que tú no conoces".
>
> JEREMÍAS 33:3 (RVR 1960)

Llegó la hora para que las cosas grandes y profundas de Dios te sean reveladas, cosas que solo en la oración de madrugada pueden ser mostradas. Dios te espera para enseñarte como tu mejor maestro. Él te enseñará cosas que los hombres no pueden. Prepárate para conocer cosas que tú no conoces, no dejes que mañana el sol brille sobre tu cama.

¡Nooooo!, que brille sobre tus rodillas.

CAPÍTULO 10

DONDE NO HAY ORACIÓN NO HABRÁ PODER

"Y todo lo que pidieres en oración, CREYENDO, lo recibiréis".

MATEO 21: 22 (RVR 1960)

En este capítulo, hablaremos de cómo los hombres y mujeres de Dios que impactaron este mundo, fueron de una profunda vida de oración.

Podemos ver a través de la historia que los hombres que pusieron al mundo de rodillas ante Dios, pasaban tanto tiempo con Dios que era visible que habían estado con Él; fueron hombres para quienes el sol nunca brilló sobres sus camas sino sobre sus rodillas.

CHARLES SIMEON

Se dedicaba a orar desde las cuatro hasta las ocho de la mañana para hablar con Dios. Wesley pasaba cuatro horas diarias en oración. Alguien escribió de él: "Pensaba que la oración era más su quehacer que cualquier otra cosa y lo he visto salir del aposento de oración con una serenidad en su rostro cercana al resplandor".

Charles Simeon manchó las paredes de su cuarto con el hálito de sus oraciones. Algunas veces, oraba toda la noche, frecuentemente y con gran seriedad. Su vida entera fue una vida de oración.

"No me levantaría de mi asiento", dijo, "sin elevar mi corazón a Dios". Su saludo a un amigo era siempre: "¿Te encuentras orando?".

"Yo juzgo que mi oración es más poderosa que Satanás; si no fuera así, Lutero habría sido tratado de una manera muy diferente hace mucho tiempo. Sin embargo, los hombres no verán ni reconocerán las grandes maravillas o milagros que Dios efectúa en mi favor. Si abandonara la oración por un solo día, perdería una gran parte del fuego de la fe".

"Si fallo en pasar dos horas en oración cada mañana, el diablo tendría la victoria a través del día. Tengo tantos asuntos, que no puedo salir adelante sin pasar tres horas diarias en oración".

Tenía un lema: "Aquel que ha orado bien, ha estudiado bien".
Martín Lutero

JOHN KNOX

Juan Knox solía pasar noches enteras en oración, pidiendo a Dios: "¡Dame Escocia, o me muero!"; y Dios le dio a Escocia.

CHARLES FINNEY

Finney fue un hombre que puso a New York de rodillas ante Dios, era tan poderoso su mensaje, que era casi imposible mantenerse de pie cuando él predicaba. Se levantaba todos los días a las cuatro de la madrugada, se iba a un lugar adecuado y oraba hasta las ocho de la mañana. La oración de madrugada era parte de su secreto, del poder espiritual que operaba en este hombre. Él decía *"El día que no oro, nada sucede"*. Finney nos cuenta de una iglesia donde tuvieron avivamiento durante trece años. Al final, el avivamiento cesó, y todos temían y se preguntaban por qué, hasta que un día un hombre se puso de pie llorando, y confesó que durante trece años él había orado cada sábado por la noche hasta después de la media noche, pidiendo que Dios se glorificara y que salvara a la gente; pero que hacía dos semanas que había descontinuado esa oración, y luego el avivamiento cesó. Si Dios contesta las oraciones como esas, ¡qué gran responsabilidad pesa sobre todos nosotros para orar!

EL REVERENDO GUILLERMO BRAMWELL

El Revdo. Bramwell fue el instrumento que Dios usó para la salvación de centenares de personas dondequiera que iba. Él oraba seis horas diarias y, sin embargo, él dijo que siempre comenzaba con desgano sus sesiones de oración secreta. Tenía que hacer un gran esfuerzo para comenzar la oración. Y después de iniciada, muchas veces tenía períodos de sequedad, pero proseguía con fe, y los cielos se abrían, y él luchaba con Dios hasta ganar la victoria. Luego cuando predicaba, las nubes echaban bendiciones sobre la gente.

EL REVERENDO LEIGHTON

El Revdo. Leighton solía estar tanto tiempo a solas con Dios, que siempre parecía encontrarse en una meditación perpetua. "La oración y la alabanza constituían su ocupación y su placer", dice su biógrafo.

EL REVERENDO KEN

El Revdo. Ken pasaba tanto tiempo con Dios, que se decía que su alma estaba enamorada del Señor.

EL REVERENDO ASBURY

Se expresaba así: "Procuro tan frecuentemente como me sea posible levantarme a las cuatro de la mañana y pasar dos horas en oración y meditación".

SAMUEL RUTHERFORD

Cuya piedad aún deja sentir su fragancia, se levantaba por la madrugada para comunicarse con Dios en oración.

JOSEPH ALLEINE

Dejaba el lecho a las cuatro de la mañana para ocuparse en orar hasta las ocho. Si escuchaba que algunos artesanos habían empezado a trabajar antes de que él se levantara, exclamaba: "¡Cuán avergonzado estoy! ¿No merece mi maestro más que el de ellos?". "El que conoce bien esta clase de oraciones tiene a su disposición el banco inextinguible de los cielos".

JUAN WELCH

El santo y maravilloso predicador escocés, consideraba mal empleado el día si no había dedicado ocho o diez horas a la oración. Tenía un batín para envolverse en la noche cuando se levantaba a orar. Lamentándose su esposa por encontrarlo en el suelo llorando, le contestaba: "¡Oh, mujer, tengo que responder por tres mil almas y no sé lo que pasa en muchas de ellas!".

DAVID BRAINERD

"No deseo vivir ni un minuto por lo que la tierra puede ofrecer". De esta manera tan elevada oraba David Brainerd.

Quiero hablarte un poco de este hombre de Dios, de cómo impactó a los indios paganos de América e hizo que cayeran de rodillas ante Dios, dejando así la idolatría y entregando sus vidas a Jesús. ¿Cuál era su clave? Léelo en tus propias palabras:

> *"Estuve en tal agonía desde que salió el sol hasta que se ocultó, que estaba cubierto de sudor, y, sin embargo, me parecía que no había hecho nada. ¡Mi querido Salvador sudó gotas de sangre por las pobres almas! Ansiaba más compasión hacia ellas. Luego me sentí tranquilo, en un suave estado de alma, con la sensación de la gracia y el amor divino y, en estas condiciones, me acosté con el corazón puesto en Dios".*

La oración dio a la vida y ministerio de este hombre su maravilloso poder. Creo que Dios hará lo mismo contigo. Es tiempo de cambio para ti, así que:

> *"¡Levántate mañana temprano!, una aventura sobrenatural te espera".*

De este hombre se dice que solía echarse sobre la tierra helada en las noches, arropado en una piel de oso, y escupía sangre y clamaba a Dios por la salvación de los indios. Dios le contestó, convirtiendo y santificando por docenas y centenares a esos pobres seres ignorantes, paganos, pendencieros y borrachos.

JONATHAN EDWARDS

Edwards predicó el famoso mensaje *"Un pueblo pecador en manos de un Dios airado"*, un maravilloso sermón que comenzó el avivamiento que convulsionó la Nueva Inglaterra. Se dice que cuando este hombre de Dios predicó este mensaje, los cientos de personas que lo escucharon caían al suelo gritando, rasgando el piso con las uñas, sintiendo que caían al infierno, rogaban por misericordia. Toda la ciudad fue impactada, miles recibieron a Jesús como su Salvador. ¿Cuál fue la clave? Se dice que la noche anterior al sermón, Jonathan Edwards se juntó con otros para pasar la noche en oración.

JOHN G. LAKE

"Un día, la Sra. Lake y yo estábamos presentes en una reunión de personas cristianas. Una familia con el nombre de Gerber tenía una hija de diecisiete o dieciocho años de edad. Ella se puso de pie con la espalda hacia nosotros, y yo comenté a la Sra. Lake:

"¿Has visto alguna vez una silueta tan perfecta? Esa muchacha podría ser modelo de un artista". Pero cuando ella se giró, me quedé sorprendido por su aspecto. Nunca había visto a nadie con tal estrabismo. Era muy difícil mirarla. Más adelante hablé con el padre, y él me dijo que los cirujanos no querían operar sus ojos, pues, decían que era imposible y que, si lo intentaban, era probable que ella perdiera la vista.

Entonces, la joven se acercó a nosotros, y yo le dije: "Siéntese, muchacha. Quiero hablar con usted". Después de unos minutos, me puse en pie e impuse mis manos sobre sus ojos. El Espíritu de Dios descendió sobre ella, y aquellos ojos quedaron tan rectos como tenían que estar, en un período de tres minutos.

Actualmente, ella está casada y tiene un hermoso hogar y unos bellos hijos. Sus ojos quedaron totalmente sanos y perfectos. Este hombre de Dios fue unos de los más usados en África. Se dice que más de cien mil sanidades y milagros fueron registrados por medio de su ministerio. A veces, el poder de Dios estaba tan fuerte que, cuando él levantaba un dedo, las multitudes caían derribadas al piso por el poder de Dios. Era un hombre que vivía sobre sus rodillas. Este fue y será siempre el secreto: la oración.

EVAN ROBERT

Evan Robert fue el joven que hizo que Gales, Inglaterra, fuera quebrantada ante Dios. Se dice que oraba siete horas diarias. El avivamiento era tan poderoso que los centros de bebidas tuvieron que cerrar por falta de clientes, ya que nadie iba por causa del avivamiento. Se dice que las mujeres que eran de la mala vida fueron tocadas y transformadas por Dios y, luego, fueron usadas enseñando en las escuelas dominicales.

Las cárceles quedaron vacías, las autoridades se dedicaron a colaborar con la iglesia limpiando los bancos, ya que no había a quien encarcelar. Toda una ciudad fue transformada por el poder del Espíritu Santo, más de cien mil personas vinieron a los pies de Jesús. Todo esto sucedió porque un hombre oró tanto que el cielo bajó a la Tierra.

LA FALTA DE ORACIÓN ES PECADO

"Así que, lejos sea de mí que peque yo contra Jehová cesando de rogar por vosotros; antes os instruiré en el camino bueno y recto".

1 SAMUEL 12:23 (RVR1960)

Veamos cómo lo dice otra versión:

"Por mi parte, Dios me libre de pecar contra el Señor, dejando de interceder por ustedes. Yo les enseñaré el camino bueno y recto".

1 SAMUEL 12:23 (BHTI)

Samuel fue uno de los pocos profetas que nunca sus palabras cayeron al suelo. Este hombre era tan poderoso que, en una ocasión, pidió a Dios una señal que demostrara que estaba con él, y la Biblia dice que hubo truenos y relámpagos en el cielo como señal de que Dios sí estaba con él, ¿Cuándo viste tú a un hombre o una mujer de Dios que pidiera una señal y tronara?

Creo que muy pocas veces hemos visto esto. Ahora, Samuel tenía esa dimensión, a este hombre de Dios no se le podían esconder las cosas. Él las sabía, como profeta, tenía una unción fuera de lo común. Ahora, ¿cuál era parte de su secreto? Él mismo lo dice: *"Líbreme Dios de dejar de orar"*. Ahí está todo, esta generación quiere resultados grandes sin orar, están perdiendo el tiempo, nada ocurre sin oración.

¿Cuándo viste a alguien vivir sin orar y sentirse en victoria? Nunca, ¿verdad? No hay forma de vivir bien con Dios sin orar. Si querías el secreto de Samuel, profeta de Dios, ya lo tienes: **Era un hombre de oración.**

SI PASAS TIEMPO CON JESÚS, TE PARECERÁS A ÉL

Cuando pasas mucho tiempo con Dios, te parecerás a Él. La Biblia dice en Hechos:

> *"Entonces viendo el denuedo de Pedro y de Juan, y sabiendo que eran hombres sin letras y del vulgo, se maravillaban; y les reconocían que habían estado con Jesús".*
>
> HECHOS 4:13 (RVR1960)

Sabían que habían estado con Jesús porque hablaban como Él.

Algo que nunca se puede esconder es la unción. Donde quiera que llegue un hombre o una mujer ungida es inevitable que las personas lo perciban. Estos apóstoles pasaron tanto tiempo con Jesús que se parecían a Él. Es lo mismo que sucede con aquellos que pasan horas en su presencia, orando, adorándolo, cuando salen de ese tiempo, la gente sabrá que estuvieron en la presencia de Dios.

Una de las cosas en la que nos ayuda la oración es en pasar tiempo con Dios, En Marcos, dice:

"Después, subió al monte, y llamó a sí a los que él quiso; y vinieron a él. Y estableció a doce, para que estuviesen con él, y para enviarlos a predicar, y que tuviesen autoridad para sanar enfermedades y para echar fuera demonios".

MARCOS 3:13-15 (RVR 1960)

Fíjate lo que dice: *"llamó a los que* él *quiso".* Primero, para que estuvieran con Él y, luego, para enviarlos.

Esto es tan poderoso, que aquí hay un secreto que Jesús no nos lo envía a predicar hasta que no pasemos tiempo con él. El problema de hoy es que hay mucha gente predicando sin haber estado con Jesús. Tú nunca serás efectivo en el ministerio si no pasas tiempo con el dueño del ministerio.

Alguien dijo:

"No puedes hablarles bien a los hombres de Dios si primero no le hablas a Dios de los hombres".

De lo que menos se habla hoy es de la oración, estamos tan centrados en hacer cosas para Dios que ya ni oramos y es por eso que carecemos de poder.

ENSÉÑANOS A ORAR

"Aconteció que estaba Jesús orando en un lugar, y cuando terminó, uno de sus discípulos le dijo: Señor, enséñanos a orar, como también Juan enseñó a sus discípulos".

LUCAS 11:1 (RVR1960)

Fíjate algo: ellos habían visto a Jesús hacer milagros sobrenaturales; sin embargo, nunca le dijeron: "enséñanos a hacer milagros", sino "enséñanos a orar".

¿Por qué? Porque ellos veían que el resultado de los milagros era la vida de oración que Jesús tenía, y es por esto que encontrarás que los apóstoles vivían una vida de oración profunda, ellos sabían que, si querían tener resultados, tenían que orar como su maestro lo hacía.

LA ORACIÓN FUE PARTE DEL SECRETO DE LOS APÓSTOLES

En el libro de los Hechos es evidente la importancia que los apóstoles le daban a la oración. Dice la Biblia:

"Entonces los doce convocaron a la multitud de los discípulos, y dijeron: No es justo que nosotros dejemos la palabra de Dios, para servir a las mesas.
Buscad, pues, hermanos, de entre vosotros a siete varones de buen testimonio, llenos del Espíritu Santo y de sabiduría, a quienes encarguemos de este trabajo. Y

> *nosotros persistiremos en la oración y en el ministerio de la palabra".*
>
> HECHOS 6:2-4 (RVR1960)

Aquí podemos ver lo dedicados que eran los apóstoles a la oración, no negociaban su tiempo con Dios, con nadie ni con nada. Fíjate, a pesar de la necesidad que había en la iglesia, los apóstoles no dejaron de orar. Ellos entendían que la fuente de su ministerio era la comunión con Dios, que solo se obtiene con una vida de oración. La respuesta de los apóstoles es la respuesta a muchas de las preguntas que hoy nos hacemos al ver el poco resultando de los ministerios y la falta de poder que hay en las Iglesias, y preguntamos ¿qué pasa que no hay milagros? La respuesta está aquí, ellos dijeron: *"nosotros persistiremos en la oración y en la palabra"*.

Es la repuesta de Dios para tu vida de ministerio. Miremos con detalle esta contestación:

Primero: *"persistiremos en la oración"*.

Es claro y revelador que uno de los secretos de los apóstoles era la persistencia en la oración, eran hombres de oración. En todos los años que tengo sirviéndole a Dios, nunca he visto a alguien tener poder de Dios sin una vida de oración. Al ver la respuesta de estos santos hombres de Dios, podemos darnos cuenta de dónde está el fallo de muchos ministerios e iglesias: han dejado la oración, muy pocas veces se habla de orar. Hoy en día, algunos predicadores se preparan más para predicar que para la oración. Tú puedes tener una tonelada de información, pero sin oración no tocarás a nadie.

Segundo: Los apóstoles se negaron a dejar la oración para ocuparse de otras cosas.

La oración era la prioridad en su vida. Dijeron "no es justo", vieron que el dejar de orar era una injusticia.

La gente quiere tener el resultado de los apóstoles, pero no quieren orar como ellos oraban.

Si realmente quieres tener una vida llena de la abundancia de Dios, de resultados maravillosos, si quieres ver milagros sobrenaturales, tienes que tener una vida de oración.

La Biblia dice que, en una ocasión, Pedro fue a la casa de Cornelio y mira lo que sucedió:

> *"Mientras aún hablaba Pedro estas palabras, el Espíritu Santo cayó sobre todos los que oían el discurso".*
>
> HECHOS 10:44 (RVR1960)

¡Qué maravilloso sería que mientras prediques, hables y el poder de Dios caiga! ¿Te imaginas eso? Ver predicadores que mientras ellos estén hablando, cosas estén sucediendo. Eso fue lo que pasó con Pedro: mientras él hablaba, Dios bautizaba con el Espíritu Santo. Ahora, ¿cuál fue una de las claves para tener un resultado tan poderoso? Léelo tú mismo:

"Al día siguiente, mientras ellos iban por el camino y se acercaban a la ciudad, Pedro subió a la azotea para orar, cerca de la hora sexta".

HECHOS 10:9 (RVR1960)

Si lees el principio del capítulo, te darás cuenta de que Cornelio era un hombre de oración, tanto el que recibió como el que predicó eran hombres de oración. Puedes ver qué estilo de vida tenía Pedro, una vida de oración. Mientras él hablaba, cosas sucedían.

Sigamos estudiando a Pedro. En otra ocasión, vemos esto:

"Pedro y Juan subían juntos al templo a la hora novena, la de la oración. Y era traído un hombre cojo de nacimiento, a quien ponían cada día a la puerta del templo que se llama la Hermosa, para que pidiese limosna de los que entraban en el templo. Este, cuando vio a Pedro y a Juan que iban a entrar en el templo, les rogaba que le diesen limosna. Pedro, con Juan, fijando en él los ojos, le dijo: Míranos. Entonces él les estuvo atento, esperando recibir de ellos algo. Mas Pedro dijo: No tengo plata ni oro, pero lo que tengo te doy; en el nombre de Jesucristo de Nazaret, levántate y anda. Y tomándole por la mano derecha le levantó; y al momento se le afirmaron los pies y tobillos; y saltando, se puso en pie y anduvo; y entró con ellos en el templo, andando, y saltando, y alabando a Dios. Y todo el pueblo le vio andar y alabar a Dios".

HECHOS 3:1-9 (RVR1960)

Este milagro de este hombre imposibilitado fue uno de los más sobresalientes: el hombre llevaba más de cuarenta años en esa condición, había nacido así hasta que llegan los hombres de oración, los que pasan horas en la presencia de Dios, lo miran, le toman por la mano y, en segundos, el poder de Dios cae sobre el hombre enderezándole los pies torcidos.

Lo que no había hecho en cuarenta años, lo hizo en minutos por causa del poder de Dios. Ahora, me imagino que ya pudiste leer cuál fue una de las claves: si lees el antes del milagro, te darás cuenta por qué hubo un después, dice: *"iban a la oración"*. Siempre que hay una manifestación de lo sobrenatural, hay un antes de oración.

PABLO Y LA ORACIÓN

La Biblia cuenta que cuando este hombre perseguía a la iglesia camino a Damasco, fue sorprendido por el Señor Jesús en una visión, quedó ciego; pero, luego, vemos en esta historia que Pablo fue lleno del Espíritu Santo y sus ojos fueron sanados. Ahora, veamos que hubo un antes de oración y, luego, un después. Léelo tú mismo:

> *"Y el Señor le dijo: Levántate, y ve a la calle que se llama Derecha, y busca en casa de Judas a uno llamado Saulo, de Tarso; porque he aquí, él ora, y ha visto en visión a un varón llamado Ananías, que entra y le pone las manos encima para que recobre la vista".*
> HECHOS 9:11-12 (RVR1960)

Es evidente que antes, Pablo recibió el toque de Dios cuando estaba en oración; este siempre ha sido el patrón de Dios, no ha cambiado: antes de una manifestación del poder de Dios, hubo un tiempo de oración.

El llamando de Pablo se manifestó después de un tiempo de oración y ayuno.

"Ministrando estos al Señor, y ayunando, dijo el Espíritu Santo: Apartadme a Bernabé y a Saulo para la obra a que los he llamado. Entonces, habiendo ayunado y orado, les impusieron las manos y los despidieron".

HECHOS 13:2-3 (RVR1960)

Yo siempre he visto que, en el ambiente de la oración, en esa atmósfera, es donde lo espiritual se hace visible, manifiesto, es donde lo invisible se hace visible.

CUANDO ORAS, PUERTAS SE ABRIRÁN

Para la iglesia primitiva, la oración era el método que usaban para tener respuestas, abrir puertas, ver la gloria de Dios. La Biblia dice que Pedro fue encarcelado y que al otro día iba a ser ejecutado. No había nada que humanamente la iglesia pudiera hacer, no había conexión con el Rey Herodes ni las autoridades de la tierra, pero tenían conexión con el Rey de Reyes. Así que la iglesia comenzó a hacer lo mejor que sabía hacer: orar.

> *"Y habiéndole tomado preso, le puso en la cárcel, entregándole a cuatro grupos de cuatro soldados cada uno, para que le custodiasen; y se proponía sacarle al pueblo después de la pascua. Así que Pedro estaba custodiado en la cárcel; pero la iglesia hacía sin cesar oración a Dios por él".*
>
> HECHOS 12:4-5 (RVR1960)

El final de esta historia termina diciendo que el ángel del Señor libró a Pedro de la cárcel y las puertas cerradas se abrieron. Dice la Biblia que cuando Pedro llegó a la casa donde estaban orando por él, al tocar la puerta, ellos casi no lo podían creer, estaban atónitos de ver cómo Dios había obrado por quien ellos estaban orando.

Yo oro y declaro que por lo que tú has estado orando, te tocará la puerta pronto, ese era el método de la iglesia: la oración. Creo que Dios te está inspirando a que hagas lo mismo, depende de Dios. En la oración, te aseguro que disfrutarás de un tiempo de resultados maravillosos, terminarán las frustraciones en tu vida y ministerio.

"¡Anímate! Busca a Dios en oración".

DONDE HAY ORACIÓN, HAY PODER

Si lees los acontecimientos en la Biblia de cosas sobrenaturales de Dios, milagros, señales, prodigios, te darás cuenta de que siempre hubo oración involucrada, un antes de la oración para haber un después de manifestación. Antes de los discípulos ser llenos del Poder del Espíritu Santo, la Biblia dice:

"Todos estos perseveraban unánimes en oración y ruego, con las mujeres, y con María la madre de Jesús, y con sus hermanos".

HECHOS 1:14 (RVR1960)

La oración verdadera, oración determinante y que prevalece, es el tomacorriente de poder más importante en la tierra. La Primera Iglesia oró por diez días y después vino el milagro de Pentecostés. Moisés pasó cuarenta días en una montaña hablando con Dios, y su cara brilló tanto que se tuvo que poner un velo. Muller oró y pudo asegurar un millón de dólares para hacer posible el cuidado de dos mil huérfanos. Jesús subió a la montaña a orar y regresó a echar fuera demonios que solo salen con oración y ayuno **(Marcos 9:29)**.

No le dijo al padre que sufría: "Este género no sale, sino con oración y ayuno. Espera mientras voy a ayunar y orar". ¡Él ya había ayunado y orado! La negación a sí mismo, ayuno y oración, era parte de su vida diaria. Era su estilo de vida. Él oraba primero, y cuando la necesidad llegaba, ya Él había prevalecido en oración, y estaba listo para suplir la necesidad.

Un ministerio sin oración es el agente funerario de la verdad de Dios y de la iglesia de Dios. Aunque tenga un ataúd costoso y las más hermosas flores, no es más que un funeral a pesar de los bellos adornos. Un cristiano sin oración nunca aprenderá la verdad de Dios; un ministerio sin oración nunca será apto para enseñar la verdad de Dios. Se han perdido siglos de gloria milenaria para una iglesia sin oración. El infierno se ha ensanchado y ha abierto su boca en la presencia del servicio muerto de una iglesia que no ora.

La oración en tu vida debe ser más importante que cualquier cosa que deba ser importante, que comer, dormir, más importante aún que predicar, nadie puede predicar bien si no ha orado bien.

SI DEJAS DE ORAR, LAS COSAS DEJARÁN DE SUCEDER

"Y se acercó Abraham y dijo: ¿Destruirás también al justo con el impío? Quizá haya cincuenta justos dentro de la ciudad: ¿destruirás también y no perdonarás al lugar por amor a los cincuenta justos que estén dentro de él? Lejos de ti el hacer tal, que hagas morir al justo con el impío, y que sea el justo tratado como el impío; nunca tal hagas. El Juez de toda la tierra, ¿no ha de hacer lo que es justo? Entonces respondió Jehová: Si hallare en Sodoma cincuenta justos dentro de la ciudad, perdonaré a todo este lugar por amor a ellos. Y Abraham replicó y dijo: He aquí ahora que he comenzado a hablar a mi Señor, aunque soy polvo y ceniza. Quizá faltarán de cincuenta justos cinco; ¿destruirás por aquellos cinco toda la ciudad? Y dijo: No la destruiré, si hallare allí cuarenta y cinco. Y volvió a hablarle, y dijo: Quizá se hallarán allí cuarenta. Y respondió: No lo haré por amor a los cuarenta. Y dijo: No se enoje ahora mi Señor, si hablare: quizá se hallarán allí treinta. Y respondió: No lo haré si hallare allí treinta. Y dijo: He aquí ahora que he emprendido el hablar a mi Señor: quizá se hallarán allí veinte. No la destruiré, respondió, por amor a los veinte. Y volvió a decir: No se enoje ahora mi Señor, si hablare

solamente una vez: quizá se hallarán allí diez. No la destruiré, respondió, por amor a los diez. Y Jehová se fue, luego que acabó de hablar a Abraham; y Abraham volvió a su lugar".

GÉNESIS 18:23-33 (RVR1960)

¿Te diste cuenta de que cuando Abraham dejó de hablarle a Dios e interceder, Dios se fue? Exactamente es lo que ha estado ocurriendo en cientos de iglesias y ministerios, dejan de orar y Dios deja de hacer cosas, dejan de orar y las visiones cesan, paran de orar y los milagros paran. Mientras te mantengas en una vida de oración, te mantendrás en la presencia de Dios continuamente.

"Si no paras de orar, el poder de Dios no parará de fluir".

ALGUNAS EXPERIENCIAS CON LA ORACIÓN

Quiero compartir algunas de mis experiencias con la oración:

Recuerdo en una ocasión que viajé a Denver, Colorado. Fui invitado para predicar en una pequeña iglesia. El día de la predicación me levanté muy temprano para comenzar mi período de oración; mientras oraba, sentía una profundidad muy especial, pensé: Hoy me voy a dedicar a orar todo el día. Oré tanto que sentía que no estaba en la tierra. Recuerdo que cuando llegaron las ocho de la noche, tenía que parar de orar para ir a predicar. Me levanté de las rodillas y me senté en la cama del hotel donde estaba hospedado, levanté la mano para alabar a Dios y fui sorprendido; literalmente toqué la unción sin saber, había orado tanto que la unción se materializó en el aire, se podía tocar, quedé muy sorprendido por esto. Luego, fui a la iglesia y lo que Dios hizo ese día fue inolvidable.

En otra ocasión, estaba llevando una campaña en el mismo estado de Colorado. De igual manera, tomé la decisión de orar todo el día; y recuerdo que llevaba muchas horas orando de rodillas. Cuando me levanté de las rodillas, sin coordinar dije: "Me siento poderoso". Fue una expresión que salió de mí sin pensarlo. Esa noche, cuando llegué al lugar de la campaña, había muchas personas, pero había una mortandad horrible, nadie alababa a Dios, todos estaban indiferentes a la presencia de Dios. El pastor me llamó para tomar la parte de predicar, subí a la plataforma; cuando tomé el micrófono, solo extendí mi mano derecha hacia la gente y, de repente, todos cayeron al piso tocados por el poder de Dios. Muchos fueron salvos, otros sanos; fue impresionante lo que el Espíritu Santo hizo en ese lugar.

Creo que no puedes cerrar tus ojos frente a tanta revelación de Dios sobre la oración. Abre tus ojos, desespérate por Dios, por su presencia, no vivas un minuto más sin Él. Ya no le permitas al diablo, la carne y el mundo que te sigan robando la dulzura de la oración de madrugada. Este libro fue puesto en tu mano por el Espíritu Santo, Él de antemano sabía que tú lo leerías. Es por eso que es tu tiempo, tiempo de despertar, de vivir nuevas experiencias con Dios, de sumergirte en su gloria, su poder, de ver resultados en tu vida. Yo oré por ti de antemano, rogándole a Dios que cada persona que tomara este libro sea elevada a una nueva dimensión. Sé que Satanás te hará la guerra para que no ores, pero te recuerdo que el que está en ti es mayor que el que está en el mundo, porque:

> *"Mayor es el que está en vosotros, que el que está en el mundo".*
>
> 1 JUAN 4:4 (RVR1960)

Eres un gigante de Dios, un instrumento. La Biblia dice que tú eres armas de guerra en la mano de Jehová.

> *"Martillo me sois, y armas de guerra; y por medio de ti quebrantaré naciones, y por medio de ti destruiré reinos".*
>
> JEREMÍAS 51:20 (RVR1960)

Eres el David que matará osos y leones. Eres como Daniel: los principados no evitarán la respuesta de Dios para ti. Como Ezequiel, tus ojos se abrirán y verás visiones que jamás fueron contadas, cosas que no han subido a corazón de hombre, son la que Él tiene para ti.

> *"Antes bien, como está escrito: Cosas que ojo no vio, ni oído oyó, Ni han subido en corazón de hombre, Son las que Dios ha preparado para los que le aman".*
>
> 1 CORINTIOS 2:9 (RVR1960)

Tu clamor hará que Dios te muestre grandes cosas y ocultas, el tiempo de que los misterios de Dios se revelen a tu vida ha llegado. Tú no naciste por error.

¡No, no, no! Tampoco fuiste planeado por papá y mamá. ¡No, no! El Todopoderoso te planeó, te diseñó, Él fue quien te trajo a la tierra para, a través de ti, manifestar su poder.

Eres como David, Dios escribió en su libro tu historia.

"Mi embrión vieron tus ojos, Y en tu libro estaban escritas todas aquellas cosas Que fueron luego formadas, Sin faltar una de ellas".

SALMOS 139:16 (RVR1960)

Y te aseguro que son buenos los pensamientos de Dios para ti, no son de mal sino de bien.

"Porque yo sé los pensamientos que tengo acerca de vosotros, dice Jehová, pensamientos de paz, y no de mal, para daros el fin que esperáis".

JEREMÍAS 29:11 (RVR1960)

Levántate a buscar a tu Dios. Como Moisés, será tanta la gloria en ti, que tu rostro va a brillar. Como Elías, tu oración traerá lluvia a los pueblos y ciudades secas.

Termino este libro diciéndote tres cosas:

"Ora, ora y ora.

Tus días ya están cambiando".

Pastor **JUAN CARLOS HARRIGAN**

Teléfono: (913) 549-3800

Email: libros@juancarlosharrigan.com

Webpage: juancarlosharrigan.com

Facebook: Juan Carlos Harrigan Kansas

YouTube: Juan Carlos Harrigan Oficial

www.ingramcontent.com/pod-product-compliance
Lightning Source LLC
Chambersburg PA
CBHW070054070526
44107CB00160B/347